CARTEA FINAL DE GURMET DE GREPFRUT

100 de rețete inovatoare care celebrează bucătăria cu Grepfrut

Otilia Pîndaru

Material cu drepturi de autor ©2024

Toate drepturile rezervate

Nicio parte a acestei cărți nu poate fi utilizată sau transmisă sub nicio formă sau prin orice mijloc fără acordul scris corespunzător al editorului și al proprietarului drepturilor de autor, cu excepția citatelor scurte utilizate într-o recenzie. Această carte nu trebuie considerată un substitut al sfaturilor medicale, juridice sau de altă natură profesională.

CUPRINS

- CUPRINS 3
- INTRODUCERE 6
- MIC DEJUN ȘI BRUNCH 7
  - 1. BUDINCI DE CHIA PENTRU BORCAN MASON 8
  - 2. KIWI PAPAYA 10
  - 3. BOLURI CU VITAMINA C PAPAYA 12
  - 4. PARFAIT DE IAURT CU GREPFRUT 14
  - 5. TOAST RICOTTA CU GRAPEFRUIT 16
  - 6. PÂINE PRĂJITĂ CU AVOCADO GRAPEFRUIT 18
  - 7. GRAPEFRUIT ȘI SOMON AFUMAT 20
  - 8. CLATITE CU GRAPEFRUIT 22
  - 9. BRIOSE PENTRU MIC DEJUN CU GRAPEFRUIT 24
  - 10. BOL DE MIC DEJUN CU GRAPEFRUIT BRÛLÉE: 26
  - 11. GRAPEFRUIT, FISTIC CU BURNIȚĂ DULCE DE TAHINI 28
  - 12. GRAPEFRUIT PRĂJIT CU GRANOLA ȘI IAURT 30
  - 13. BOL CU OVĂZ, FISTIC ȘI GRAPEFRUIT 32
  - 14. CU PAPAYA ȘI GRAPEFRUIT ROZ 34
- APERITIVE ȘI GUSTĂRI 36
  - 15. BRUSCHETA CU GRAPEFRUIT 37
  - 16. CEVICHE DE CRUSTACEE LA GRATAR 39
  - 17. CEVICHE CU HALIBUT CU GREPFRUT ȘI ARDEI IUTE 41
  - 18. CROSTINI CU GREPFRUT ȘI SOMON AFUMAT 43
  - 19. BRUSCHETA CU GRAPEFRUIT SI BRANZA DE CAPRA 45
  - 20. SALSA CU GRAPEFRUIT ȘI CHIPSURI 47
  - 21. DIP CU GREPFRUT ȘI IAURT 49
  - 22. FRIGARUI DE GRAPEFRUIT SI CREVETI 51
  - 23. GRAPEFRUIT -MSLINE MARINATE 53
  - 24. WRAP-URI CU GREPFRUT ȘI CREVEȚI 55
  - 25. CROSTINI CU GRAPEFRUIT ȘI RICOTTA 57
  - 26. GUACAMOLE CU GRAPEFRUIT CU CHIPSURI DE TORTILLA 59
  - 27. MUȘCĂTURI ENERGETICE DE GRAPEFRUIT CAISE 61
  - 28. MUȘCĂTURI DE BISCUIȚI CU AVOCADO ȘI GRAPEFRUIT 63
- FORM PRINCIPAL 65
  - 29. MISTRET ÎNĂBUȘIT CU SOS DE CITRICE ȘI SALVIE 66
  - 30. SOMON LA TIGAIE CU GRAPEFRUIT OLANDEZĂ 69
  - 31. SOMON GLAZURAT CU GRAPEFRUIT ȘI GHIMBIR 72
  - 32. GRAPEFRUIT ȘI AVOCADO CU PUI LA GRĂTAR 74
  - 33. MUSCHIȚĂ DE PORC GLAZURATĂ CU GRAPEFRUIT ȘI GHIMBIR 76
  - 34. SCALOPPINE DE VIȚEL CU GRAPEFRUIT ROȘU RUBIN 78
  - 35. ȘUNCĂ PICANTĂ CU GLAZURĂ DE GRAPEFRUIT 80

36. Somon braconat în vin de grapefruit...82
37. Salată „Cobb" cu grepfrut și păstrăv afumat..................................84
38. Salată de rață cu sfeclă și grapefruit..86
39. Scoici cu fenicul, castraveți și grapefruit.......................................88
40. Tacos cu halibut cu salsa de grapefruit-avocado........................90
41. Grapefruit și Creveți...92

LUTURI SI SALATE 94
42. Salată de citrice și radicchio cu curmale......................................95
43. Salată de catifea roșie roz..97
44. Salată de fructe cu grepfrut de iarnă..99
45. Salată de grepfrut, sfeclă și brânză albastră..............................101
46. Salată de fructe proaspete în straturi..103
47. Salata De Grapefruit Cu Seminte De Rodie................................105
48. Salată de grapefruit, avocado și prosciutto...............................107
49. Salată de grepfrut de varză roșie...109
50. Salata de morcovi si somon afumat..111
51. Salată de verdeață amare, grapefruit și avocado.....................114
52. Salata de nasturel, grapefruit roz si nuci....................................116
53. Salată de grepfrut și avocado...118
54. Salată de grapefruit, somon și avocado......................................120
55. Grepfrut și sfeclă prăjită cu oțet...122

DESERT 124
56. Plăcintă cu grapefruit...125
57. Tartă cu portocale cu nuci braziliene..127
58. Compot de citrice cu granita de grapefruit...............................130
59. Mousse de grapefruit...132
60. Tutti frutti fleac..134
61. Sorbet cu grepfrut...136
62. Biscuiți cu grapefruit negru și roz..138
63. Zabaglione Miere Cu Grapefruit...140
64. Grapefruit la grătar...142
65. Grapefruit Cu Fistic...144
66. Grapefruit Cu Ricotta și Miere de Cardamom............................146
67. Busuioc-Iaurt Panna Cotta Cu Gelée De Grapefruit..................148
68. Cremă de ouă de portocale la grătar..150
69. Tartele cu grapefruit si branza de capra....................................152
70. Sufleuri miniaturale de grapefruit cu ghimbir..........................154
71. Sorbet cu grepfrut...156
72. Sandvișuri Scurte Cu Caș De Grapefruit......................................158
73. Grapefruit Brûlée...161

CONDIMENTE 163
74. Sos margarita cu grapefruit..164
75. de portocale...166

76. Vinaigretă cu grapefruit 168
77. Grepfrut și unt de miere 170
78. Grapefruit și Salsa Jalapeno 172
79. Salsa de avocado cu grapefruit 174
80. Marmeladă de grepfrut 176
81. Relish cu grapefruit 178
82. Chutney de grepfrut 180
83. Sirop de grepfrut 182
84. Jeleu de grepfrut și mentă 184

COCKTAILURI ȘI MOCKTAILURI 186

85. Vermut-Grapefruit Sangria 187
86. Apa de rozmarin 189
87. Kombucha cu grapefruit sărat 191
88. Smoothie de detoxifiere cu ananas, grapefruit 193
89. Gheață Afine Cu Grapefruitadă Albă 195
90. Punch cu rodie și grapefruit roz 197
91. Spritz de grapefruit 199
92. Blackberry Virgin paloma 201
93. Margarita cu grapefruit 203
94. Mojito cu grepfrut și mentă 205
95. Margarita cu grapefruit și miere 207
96. Ceai cald de grapefruit 209
97. Smoothie cu capsuni-grapefruit 211
98. Cocktail cu grapefruit trandafir Lillet 213
99. Spritz picant cu grapefruit 215
100. Shake de vanilie cu grapefruit 217

CONCLUZIE 219

INTRODUCERE

Bine ați venit la „CARTEA FINAL DE GURMET DE GREPFRUT", unde vă invităm într-o călătorie pentru a explora lumea vibrantă și versatilă a bucătăriei cu grapefruit! Plin de aromă acidulată și de posibilități culinare, grapefruitul ocupă centrul atenției în această colecție de 100 de rețete inovatoare care își celebrează gustul și versatilitatea unice. Indiferent dacă ești un pasionat de citrice sau nou în lumea grapefruit-ului, pregătește-te să fii inspirat în timp ce ne lansăm într-o aventură gastronomică ca nimeni altul. Grapefruitul este mai mult decât un fruct pentru micul dejun sau o garnitură pentru cocktail-uri; este un ingredient versatil care poate ridica felurile de mâncare în fiecare fel de masă. De la salate răcoritoare la feluri principale savuroase, aperitive gustoase până la deserturi decadente, grapefruitul adaugă o dimensiune strălucitoare și acidulată fiecărui fel de mâncare pe care îl înfrumusețează. În această carte de bucate, am organizat o colecție de rețete care prezintă întregul potențial al grapefruit-ului în bucătărie. Fiecare rețetă este elaborată cu meticulozitate pentru a evidenția profilul vibrant al aromei fructelor, fie ca vedeta a felului de mâncare, fie ca actor de sprijin care adaugă profunzime și complexitate.

Fie că dorești să impresionezi oaspeții la cină cu un festin gourmet inspirat de grapefruit sau pur și simplu îți dorești o masă proaspătă și aromată pentru tine, există ceva pentru toată lumea în aceste pagini. Cu instrucțiuni ușor de urmat și sfaturi utile pentru a lucra cu grapefruit, te vei simți încrezător și împuternicit să explorezi posibilitățile culinare ale acestui iubit citrice. Așadar, apucă-ți cuțitele, ascuți-ți abilitățile și pregătește-te să pornești într-o călătorie culinară care celebrează aromele strălucitoare și îndrăznețe ale grapefruit-ului. Fie că ești un bucătar experimentat sau un bucătar de casă dornic să experimenteze cu ingrediente noi, lasă „CARTEA FINAL DE GURMET DE GREPFRUT" să fie ghidul tău către creativitatea și inovația culinară. Pregătește-te să-ți apeți papilele gustative, să-ți trezești simțurile și să te îndrăgostești din nou de grapefruit. Să ne scufundăm și să descoperim 100 de rețete inovatoare care celebrează lumea vibrantă și versatilă a bucătăriei cu grapefruit!

MIC DEJUN ȘI BRUNCH

1. Budinci de chia pentru borcan Mason

INGREDIENTE:
- 1 ¼ cani 2% lapte
- 1 cană 2% iaurt grecesc simplu
- ½ cană semințe de chia
- 2 linguri miere
- 2 linguri de zahar
- 1 lingura coaja de portocala
- 2 lingurite extract de vanilie
- ¾ cană portocale segmentate
- ¾ cană mandarine segmentate
- ½ cană de grapefruit segmentat

INSTRUCȚIUNI:
a) Într-un castron mare, amestecați laptele, iaurtul grecesc, semințele de chia, mierea, zahărul, coaja de portocală, vanilia și sarea până se combină bine.
b) Împărțiți amestecul uniform în patru borcane de zidărie (16 uncii). Dați la frigider peste noapte sau până la 5 zile.
c) Serviți rece, acoperit cu portocale, mandarine și grapefruit.

2.Kiwi Papaya

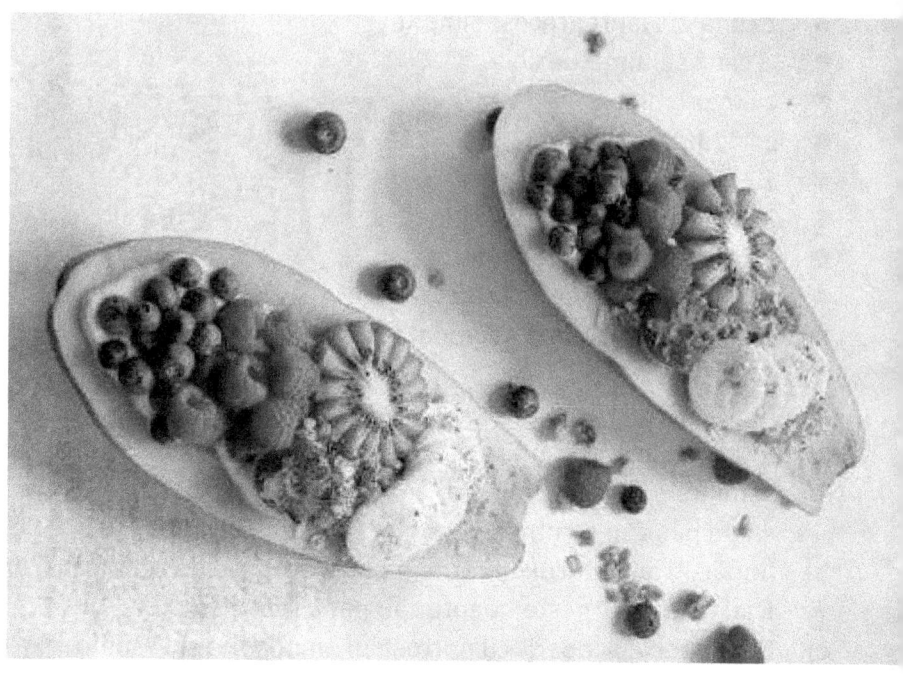

INGREDIENTE:
- 4 linguri de amarant, împărțite
- 2 papaya mici coapte
- 2 căni de iaurt de cocos
- 2 kiwi, curatati si taiati cubulete
- 1 grapefruit roz mare, decojit și segmentat
- 1 portocală de buric mare, decojită și segmentată
- Semințe de cânepă
- Seminte de susan negru

INSTRUCȚIUNI:
a) Se încălzește o cratiță înaltă și largă la foc mediu-mare timp de câteva minute.
b) Verificați dacă tigaia este suficient de fierbinte adăugând câteva boabe de amarant.
c) Ar trebui să tremure și să izbucnească în câteva secunde. Dacă nu, încălziți tigaia încă un minut și testați din nou. Când tigaia este suficient de fierbinte, adăugați 1 lingură de amarant.
d) Boabele ar trebui să înceapă să apară în câteva secunde.
e) Se acoperă oala și se agită din când în când, până când toate boabele scapă. Se toarnă amarantul pătruns într-un castron și se repetă cu amarantul rămas, câte 1 lingură.
f) Tăiați papaya în jumătate pe lungime, de la tulpină până la coadă, apoi îndepărtați și aruncați semințele. Umpleți fiecare jumătate cu amarant și iaurt de cocos.
g) Acoperiți cu segmente de kiwi, grapefruit și portocale și stropiți cu semințe de cânepă și semințe de susan.

3. Boluri cu vitamina C Papaya

INGREDIENTE:
- 4 linguri (40 g) amarant, împărțite
- 2 papaya mici coapte (aproximativ 1 kilogram, sau 455 g fiecare)
- 2 căni (480 g) de iaurt de cocos
- 2 kiwi, curatati si taiati cubulete
- 1 grapefruit roz mare, decojit și segmentat
- 1 portocală de buric mare, decojită și segmentată
- Semințe de cânepă
- Seminte de susan negru

INSTRUCȚIUNI:
a) Se încălzește o cratiță înaltă și largă la foc mediu-mare timp de câteva minute.
b) Verificați dacă tigaia este suficient de fierbinte adăugând câteva boabe de amarant. Ar trebui să tremure și să izbucnească în câteva secunde.
c) Dacă nu, încălziți tigaia încă un minut și testați din nou. Când tigaia este suficient de fierbinte, adăugați 1 lingură (10 g) de amarant.
d) Boabele ar trebui să înceapă să apară în câteva secunde.
e) Se acoperă oala și se agită din când în când, până când toate boabele scapă.
f) Se toarnă amarantul pătruns într-un castron și se repetă cu amarantul rămas, câte 1 lingură (10 g) o dată.
g) Tăiați papaya în jumătate pe lungime, de la tulpină până la coadă, apoi îndepărtați și aruncați semințele.
h) Umpleți fiecare jumătate cu amarant și iaurt de cocos.
i) Acoperiți cu segmente de kiwi, grapefruit și portocale și stropiți cu semințe de cânepă și semințe de susan.

4. Parfait de iaurt cu grepfrut

INGREDIENTE:
- 1 grapefruit, segmentat
- 1 cană iaurt simplu grecesc
- 2 linguri miere
- ¼ cană granola

INSTRUCȚIUNI:
a) Într-un castron mic, amestecați iaurtul și mierea.
b) Într-un pahar sau castron, așezați segmentele de grepfrut, amestecul de iaurt și granola.
c) Repetați straturile până se epuizează toate ingredientele.
d) Serviți imediat.

5.Toast Ricotta cu grapefruit

INGREDIENTE:
- 1 felie de pâine integrală
- ¼ cană brânză ricotta
- 1 grapefruit, segmentat
- 1 lingura miere
- 1 lingurita frunze de cimbru proaspat

INSTRUCȚIUNI:
a) Prăjiți pâinea la nivelul dorit de crocantă.
b) Răspândiți brânză ricotta peste pâine prăjită.
c) Acoperiți cu segmente de grepfrut, stropiți cu miere și stropiți cu frunze de cimbru.
d) Serviți imediat.

6. Pâine prăjită cu avocado grapefruit

INGREDIENTE:
- 1 felie de pâine cu aluat
- ½ avocado, piure
- 1 grapefruit, segmentat
- Un praf de fulgi de ardei rosu
- Strop de ulei de măsline

INSTRUCȚIUNI:
a) Prăjiți pâinea la nivelul dorit de crocantă.
b) Întindeți piureul de avocado peste pâine prăjită.
c) Acoperiți cu segmente de grepfrut, un praf de fulgi de ardei roșu și un strop de ulei de măsline.
d) Serviți imediat.

7.Grapefruit și Somon Afumat

INGREDIENTE:
- 1 bagel, feliat și prăjit
- 2 linguri crema de branza
- 1 grapefruit, segmentat
- 2 uncii de somon afumat
- 1 lingura capere
- 1 lingură mărar proaspăt

INSTRUCȚIUNI:
a) Întindeți crema de brânză deasupra covrigii prăjiți.
b) Acoperiți cu segmente de grepfrut și somon afumat.
c) Deasupra presara capere si marar proaspat.
d) Serviți imediat.

8.Clatite cu grapefruit

INGREDIENTE:
- 1 ½ cană de făină universală
- 2 lingurite praf de copt
- ½ lingurita sare
- 2 linguri de zahar
- ½ linguriță extract de vanilie
- 1 ou
- 1 ¼ cană de lapte
- Zest și suc de 1 grapefruit
- Unt, pentru gătit
- Segmente de grepfrut, sirop de arțar și unt suplimentar, pentru servire

INSTRUCȚIUNI:
a) Într-un castron mare, amestecați făina, praful de copt, sarea și zahărul.
b) Într-un castron separat, amestecați extractul de vanilie, oul, laptele, coaja de grepfrut și sucul de grapefruit.
c) Turnați ingredientele umede în ingredientele uscate și amestecați până se omogenizează bine.
d) Topiți puțin unt într-o tigaie antiaderentă la foc mediu.
e) Folosiți o oală pentru a pune aluatul în tigaie și gătiți până când se formează bule pe suprafața clătitei.
f) Întoarceți clătitele și gătiți încă 1-2 minute, până când sunt fierte.
g) Repetați cu aluatul rămas.
h) Serviți clătite acoperite cu segmente de grepfrut, sirop de arțar și unt.

9. Briose pentru mic dejun cu grapefruit

INGREDIENTE:
- 1 1/2 cani de faina universala
- 1/2 cană zahăr granulat
- 2 lingurite praf de copt
- 1/2 lingurita sare
- 1/2 cana unt nesarat, topit
- 2 ouă mari
- 1/2 cană lapte
- 1 lingurita extract de vanilie
- 1 grapefruit, decojit și segmentat, tocat
- Zest de 1 grapefruit

INSTRUCȚIUNI:

a) Preîncălziți cuptorul la 375°F (190°C) și tapetați o tavă de brioșe cu folii de hârtie.
b) Într-un castron mare, amestecați făina, zahărul, praful de copt și sarea.
c) Într-un alt castron, amestecați untul topit, ouăle, laptele și extractul de vanilie.
d) Turnați ingredientele umede în ingredientele uscate și amestecați până se omogenizează.
e) Incorporati usor bucatele de grapefruit tocate si coaja.
f) Împărțiți aluatul în mod egal între cupele de brioșe pregătite.
g) Coaceți 18-20 de minute, sau până când o scobitoare introdusă în centru iese curată.
h) Scoateți din cuptor și lăsați să se răcească în tavă timp de 5 minute înainte de a transfera pe un grătar pentru a se răci complet.
i) Serviți cald sau la temperatura camerei ca opțiune delicioasă pentru micul dejun.

10. Bol de mic dejun cu grapefruit Brûlée:

INGREDIENTE:
- 1 grapefruit
- zahar brun
- 1/2 cană iaurt grecesc (2%)
- 1/2 cană muesli sau granola
- Miere după gust
- 1 lingura menta tocata (optional)

INSTRUCȚIUNI:
a) Puneți cuptorul la putere mare.
b) Curățați grapefruitul și tăiați-l în felii de 1/2". Îndepărtați sâmbura amară de pe marginea fiecărei felii. Dacă doriți, tăiați feliile în sferturi pentru a le mânca mai ușor. Aranjați feliile pe o tavă de copt tapetată cu folie. din fiecare felie cu o bucată de prosop de hârtie pentru a o usca.
c) Întindeți un strat subțire de zahăr brun pe fiecare felie de grapefruit.
d) Prăjiți feliile de grapefruit timp de aproximativ 8 minute sau până când zahărul clocotește, dar nu se arde.
e) În timp ce grapefruitul se fierbe, adăugați iaurt grecesc și muesli într-un castron.
f) Odată ce grapefruitul este gata, adăugați-l în bol.
g) Opțional, presărați puțină mentă proaspătă tocată peste bol.
h) Stropiți întregul vas cu miere după gust.
i) Bucurați-vă imediat de bolul dvs. de mic dejun Grapefruit Brûlée.

11. Grapefruit, fistic cu burniță dulce de tahini

INGREDIENTE:
- 1 cană de ovăz rulat (fără gluten dacă este necesar)
- 1 ¾ cană lapte de migdale neîndulcit, împărțit
- ¼ cană semințe de chia
- 2 linguri seminte de canepa
- ½ linguriță de ghimbir proaspăt ras
- Vârf de cuțit de sare
- 2 linguri tahini
- 1 lingură miere sau sirop de arțar (sau îndulcitor la alegere pentru a-l menține vegan)
- ½ grapefruit, tăiat orizontal în rondele și apoi tăiat la jumătate
- ½ cană fistic prăjit, decojit

INSTRUCȚIUNI:
a) Într-o oală la foc mediu, combinați ovăzul, 1 ½ cană de lapte de migdale, semințele de chia și semințele de cânepă. Se amestecă ghimbirul proaspăt ras și un praf de sare. Gatiti pana se inmoaie ovazul, aproximativ 5 minute.
b) În timp ce fulgii de ovăz se gătesc, amestecați tahini și miere (sau siropul de arțar) într-un castron mic. Adăugați treptat laptele de migdale rămas, câte 1 lingură, până când ajungeți la consistența dorită. (Poate fi necesare aproximativ 3 linguri de lapte de migdale, dar ajustați în funcție de grosimea tahini.)
c) Odată ce fulgii de ovăz sunt gătiți, transferați-l în boluri de servire.
d) Acoperiți fulgii de ovăz cu felii de grepfrut și fistic prăjit.
e) Stropiți sosul dulce de tahini peste vasul cu fulgi de ovăz.
f) Serviți fulgii de ovăz cald și bucurați-vă!

12.Grapefruit prăjit cu granola și iaurt

INGREDIENTE:
- 1 grapefruit mare, tăiat la jumătate
- 1 praf de zahar brun sau zahar de artar
- Răzătoare de ghimbir proaspăt
- 1/4 cană granola
- 1 praf mare de iaurt simplu
- Stropi de miere

INSTRUCȚIUNI:
a) Preîncălziți cuptorul la 400°F (200°C).
b) Tăiați o bucățică subțire de pe fundul fiecărei jumătăți de grapefruit, astfel încât acestea să se așeze drept pe o foaie de copt.
c) Folosiți vârful unui cuțit pentru a separa ușor segmentele de grapefruit, făcându-le mai ușor de scos mai târziu.
d) Stropiți partea de sus a fiecărei jumătăți de grapefruit cu un praf de zahăr brun (sau zahăr de arțar) și o rază de ghimbir proaspăt.
e) Așezați jumătățile de grapefruit pe o foaie de copt și coaceți timp de 10-15 minute, sau până când zahărul este caramelizat și grapefruitul este ușor rumenit.
f) Scoateți jumătățile de grapefruit prăjite din cuptor și lăsați-le să se răcească puțin.
g) Pentru a servi, puneți o praf de iaurt simplu în fiecare jumătate de grapefruit.
h) Presărați granola peste iaurt.
i) Stropiți cu miere deasupra.
j) Serviți imediat și bucurați-vă de acest răsfăț unic și delicios de mic dejun!

13. Bol cu ovăz, fistic și grapefruit

INGREDIENTE:
- 1/2 cană de ovăz
- 1 cană lapte de migdale (sau orice lapte la alegere)
- 1/4 cană fistic decojit
- 1/2 grapefruit, segmentat
- Miere sau sirop de arțar (opțional, pentru dulceață)
- Vârf de cuțit de sare
- Toppinguri suplimentare, după cum doriți (de exemplu, banană feliată, nucă de cocos mărunțită, semințe de chia)

INSTRUCȚIUNI:
a) Într-o cratiță mică, combinați ovăzul și laptele de migdale. Se aduce la fierbere blând la foc mediu.
b) Reduceți focul la mic și fierbeți, amestecând ocazional, timp de aproximativ 5 minute sau până când ovăzul este fiert și amestecul s-a îngroșat până la consistența dorită.
c) În timp ce ovăzul se gătește, decojiți fisticul dacă nu sunt deja decojiți și segmentați grapefruitul.
d) Odată ce ovăzul este fiert, scoateți cratița de pe foc și amestecați cu un praf de sare.
e) Transferați ovăzul fiert într-un castron de servire.
f) Acoperiți ovăzul cu grapefruit segmentat și fistic decojit.
g) Dacă doriți, stropiți deasupra miere sau sirop de arțar pentru dulceață.
h) Adăugați orice topping suplimentar care vă place, cum ar fi banane felii, nucă de cocos mărunțită sau semințe de chia.
i) Serviți imediat bolul pentru micul dejun și bucurați-vă!

14.cu papaya și grapefruit roz

INGREDIENTE:
Pentru budinca de chia:
- 1 lingura de seminte de chia
- 100 ml lapte de cocos

Pentru crunch de ovăz:
- 30 g Ovăz Jumbo Scoțian Mornflake
- 60 g amestec de nuci (brazilia, migdale, nuci si caju)
- 10 g seminte de dovleac
- 2 linguri sirop de artar

Adiţional:
- 1 papaya, tocat în bucăți mici
- ½ grapefruit roz, feliat

INSTRUCȚIUNI:

a) Pentru a face budinca de chia, adăugați semințele de chia într-un borcan și turnați peste laptele de cocos. Amestecați bine, sigilați borcanul și lăsați-l la frigider peste noapte să se întărească.

b) Pentru crocantul de ovăz, adăugați ovăzul și nucile tăiate într-o tigaie și prăjiți-le la foc mediu timp de aproximativ 5 minute, amestecând des pentru a preveni arderea. Odată prăjite, turnați peste siropul de arțar și continuați să gătiți încă 3 minute, până când ovăzul și nucile sunt acoperite cu sirop. Se ia de pe foc si se lasa sa se raceasca.

c) Dimineața, tăiați papaya în bucăți mici și puneți-le cu lingura în baza unui borcan sau a unui vas de servire.

d) Așezați budinca de chia peste papaya, urmată de segmente de grapefruit roz.

e) Presărați crocantul de ovăz peste partea de sus a budincii de chia și a straturilor de fructe.

f) Serviți imediat și bucurați-vă de acest mic dejun răcoritor și hrănitor!

Aperitive și gustări

15. Bruscheta cu grapefruit

INGREDIENTE:
- Felii de baghetă, prăjite
- Brânză de capră
- Segmente de grapefruit
- Miere
- Frunze de cimbru proaspăt pentru ornat

INSTRUCȚIUNI:
a) Întindeți brânză de capră pe felii de baghetă prăjite.
b) Acoperiți fiecare felie cu segmente de grepfrut.
c) Stropiți cu miere deasupra.
d) Se ornează cu frunze de cimbru proaspăt.
e) Serviți imediat ca opțiune elegantă și aromată de bruschetta pentru micul dejun.

16.Ceviche de crustacee la gratar

INGREDIENTE:

- ¾ de kilograme de creveți medii, decojiți și deveniți
- ¾ de kilograme de scoici de mare
- ¾ de kilograme file de somon
- 1 cană de roșii tăiate cubulețe (cuburi de ½ inch)
- 1 cană de mango tăiat cubulețe (zaruri de ½ inch)
- 2 grapefruit, decojite și segmentate
- 3 portocale, decojite și segmentate
- 4 lime, decojite și segmentate
- ½ cană ceapă roșie tăiată cubulețe (cuburi de ½ inch)
- 2 Jalapenos, tocate
- 4 căni de suc proaspăt de lămâie
- 1 cană coriandru tocat
- 2 linguri de zahăr
- Sare si piper macinat

INSTRUCȚIUNI:

a) Într-un castron mare nereactiv, combinați scoici, somon, creveți, roșii, mango, ceapă, jalapeno și sucul de lămâie.
b) Marinați și lăsați la frigider timp de 3 ore.
c) Scoateți din marinadă și grătați peștele și crustaceele, doar suficient pentru a obține semne de grătar 30-60 de secunde.
d) Tăiați tot peștele în cubulețe de ½ inch.
e) Chiar înainte de servire, scurgeți cât mai mult suc de lime din fructe și adăugați coriandru, zahăr, crustacee și somon. Amestecați ușor, având grijă să nu rupeți fructele și peștele.

17. Ceviche cu halibut cu grepfrut și ardei iute

INGREDIENTE:
- 1 kilogram file de halibut
- ½ cană suc de lămâie proaspăt stors
- 6 linguri suc de grapefruit proaspat stors
- 1 Grapefruit întreg
- ½ linguriță de usturoi tocat foarte fin
- 2 linguri ardei iute roșu tocat foarte fin
- 1 lingura de ardei iute verde tocat foarte fin
- 2 linguri (la pachet) Chiffonade de mentă proaspătă
- Sos iute
- Ulei de măsline extra virgin

INSTRUCȚIUNI:

a) Cu un cuțit foarte ascuțit, tăiați halibutul în felii late și subțiri. Se pune într-un castron și se amestecă cu sucul de lime și sucul de grapefruit. Lăsați să stea la temperatura camerei timp de 15 minute.

b) Intre timp tai grapefruit-ul in jumatate, la ecuator, si folosind un cutit de grapefruit tai bucati de grapefruit. Tăiați bucata în jumătate, pe drumul lung.

c) Când este gata să serviți ceviche-ul, scurgeți complet lichidul din halibut și aruncați lichidul.

d) Adăugați bucăți de grapefruit în pește, împreună cu usturoi, ardei iute, ardei iute și mentă.

e) Aruncați ușor. Împărțiți în 6 farfurii, așezând fâșiile de halibut plat pe o farfurie. Se condimentează cu sare grunjoasă, se stropește cu sos iute și se stropește cu ulei de măsline extravirgin. Serviți imediat.

18. Crostini cu grepfrut și somon afumat

INGREDIENTE:
- 1 bagheta, feliata si prajita
- 4 uncii de somon afumat
- 1 grapefruit, segmentat
- 2 linguri crema de branza
- 1 lingură mărar proaspăt tocat

INSTRUCȚIUNI:
a) Întindeți crema de brânză deasupra fiecărei felii de baghetă prăjită.
b) Acoperiți cu somon afumat și segmente de grapefruit.
c) Se presară cu mărar proaspăt.
d) Serviți imediat.

19. Bruscheta cu grapefruit si branza de capra

INGREDIENTE:
- 1 bagheta, feliata si prajita
- 4 uncii de brânză de capră
- 1 grapefruit, segmentat
- ¼ cană busuioc proaspăt tocat
- 1 lingura miere

INSTRUCȚIUNI:
a) Întindeți brânză de capră deasupra fiecărei felii de baghetă prăjită.
b) Acoperiți cu segmente de grepfrut.
c) Stropiți cu busuioc proaspăt și stropiți cu miere.
d) Serviți imediat.

20. Salsa cu grapefruit și chipsuri

INGREDIENTE:
- 2 grapefruit, segmentate
- ½ ceapa rosie, tocata marunt
- 1 jalapeno, fără semințe și tocat mărunt
- ¼ cană coriandru proaspăt tocat
- 2 linguri suc de lamaie
- Sare si piper, dupa gust
- Chipsuri de tortilla, pentru servire

INSTRUCȚIUNI:
a) Într-un castron mediu, combinați segmentele de grepfrut, ceapa roșie, jalapeno, coriandru, sucul de lămâie, sare și piper.
b) Se amestecă totul împreună până se combină bine.
c) Serviți cu chipsuri tortilla.

21.Dip cu grepfrut și iaurt

INGREDIENTE:
- 1 grapefruit, segmentat
- 1 cană iaurt simplu grecesc
- 1 lingura miere
- ¼ lingurita de scortisoara macinata

INSTRUCȚIUNI:
a) Într-un castron mediu, amestecați iaurtul grecesc, mierea și scorțișoara.
b) Încorporați ușor segmentele de grepfrut.
c) Serviți cu mere, pere sau biscuiți tăiați felii.

22. Frigarui de grapefruit si creveti

INGREDIENTE:
- 1 grapefruit, segmentat
- 12 creveți gătiți de mărime medie
- 2 linguri ulei de masline
- 1 lingura patrunjel proaspat tocat
- Sare si piper, dupa gust
- Frigarui de lemn

INSTRUCȚIUNI:
a) Preîncălziți grătarul la foc mediu.
b) Așezați bucățile de grepfrut și creveții fierți pe frigărui de lemn, alternând între grapefruit și creveți.
c) Într-un castron mic, amestecați uleiul de măsline, pătrunjelul, sarea și piperul pentru a face o marinadă.
d) Ungeți marinada pe frigăruile de grapefruit și creveți.
e) Frigaruile la gratar 2-3 minute pe fiecare parte sau pana cand crevetii sunt usor carbonizati.
f) Serviți imediat.

23.Grapefruit -Msline marinate

INGREDIENTE:
- 1 cană măsline verzi sau negre
- Zest de 1 grapefruit
- Suc de 1 grapefruit
- 2 linguri ulei de masline
- 2 catei de usturoi, tocati
- 1 lingurita rozmarin proaspat, tocat
- 1 lingurita frunze de cimbru proaspat
- Sare si piper dupa gust

INSTRUCȚIUNI:
a) Într-un castron, combinați măslinele, coaja de grapefruit, sucul de grapefruit, uleiul de măsline, usturoiul tocat, rozmarinul tocat și frunzele de cimbru.
b) Se condimentează amestecul cu sare și piper după gust.
c) Aruncați măslinele până când sunt acoperite uniform cu marinada.
d) Acoperiți vasul și lăsați măslinele la marinat la frigider pentru cel puțin 30 de minute.
e) Serviți măslinele marinate cu citrice ca o gustare aromată sau opțiune de aperitiv.
f) Bucurați-vă de explozia de aromă de citrice cu măslinele savuroase.

24.Wrap-uri cu grepfrut și creveți

INGREDIENTE:
- 1 grapefruit, segmentat si taiat cubulete
- 8 creveți mari copți, decojiți și devenați, tăiați
- 1/4 cană ardei gras roșu, tăiat cubulețe
- 1/4 cană castraveți, tăiați cubulețe
- 2 linguri coriandru proaspăt, tocat
- Suc de 1 lime
- Sare si piper dupa gust
- Frunze de salată verde pentru servire

INSTRUCȚIUNI:
a) Într-un bol de amestecare, combinați grapefruitul tăiat cubulețe, creveții tăiați, ardeiul gras roșu tăiat cubulețe, castraveții tăiați cubulețe, coriandru tocat și sucul de lămâie.
b) Se condimentează amestecul cu sare și piper după gust.
c) Se amestecă ușor ingredientele până se combină bine.
d) Turnați amestecul de grepfrut și creveți pe frunzele de salată verde.
e) Rulați frunzele de salată pentru a crea învelișuri de salată.
f) Serviți împachetările cu grepfrut și salată verde ca un aperitiv ușor și răcoritor.

25.Crostini cu grapefruit și ricotta

INGREDIENTE:
- 1 bagheta, taiata rondele
- 2 linguri ulei de masline
- 1/2 cană brânză ricotta
- 1 grapefruit, segmentat si taiat cubulete
- 1 lingura miere
- Frunze de cimbru proaspăt pentru ornat
- Sare si piper dupa gust

INSTRUCȚIUNI:
a) Preîncălziți cuptorul la 375 ° F (190 ° C).
b) Aranjați feliile de baghetă pe o foaie de copt și ungeți fiecare felie cu ulei de măsline.
c) Prăjiți feliile de baghetă în cuptorul preîncălzit pentru aproximativ 5-7 minute, sau până când devin ușor aurii și crocante.
d) Întindeți brânză ricotta pe fiecare felie de baghetă prăjită.
e) Într-un castron, combinați grapefruitul tăiat cubulețe și mierea. Se condimenteaza cu sare si piper dupa gust.
f) Turnați amestecul de grapefruit pe feliile de baghetă acoperite cu ricotta.
g) Se ornează cu frunze de cimbru proaspăt.
h) Servește crostini cu grapefruit și ricotta ca aperitiv delicios și elegant.

26. Guacamole cu grapefruit cu chipsuri de tortilla

INGREDIENTE:
- 2 avocado coapte
- 1 grapefruit, segmentat si taiat cubulete
- 1/4 cana ceapa rosie, tocata marunt
- 2 linguri coriandru proaspăt, tocat
- Suc de 1 lime
- Sare si piper dupa gust
- Chipsuri de tortilla pentru servire

INSTRUCȚIUNI:
a) Într-un castron, zdrobiți avocado coapte cu o furculiță până la omogenizare.
b) Adăugați grapefruitul tăiat cubulețe, ceapa roșie tocată, coriandru tocat și sucul de lămâie în piureul de avocado.
c) Asezonați guacamole cu sare și piper după gust.
d) Amestecați ușor până când toate ingredientele sunt bine combinate.
e) Serviți guacamole cu grapefruit cu chipsuri de tortilla pentru înmuiere.
f) Bucurați-vă de această răsucire unică a guacamole clasic ca o gustare sau un aperitiv aromat.

27. Mușcături Energetice de Grapefruit Caise

INGREDIENTE:
- 8 uncii caise uscate
- 1 cană de ovăz de modă veche
- 1/4 cană nucă de cocos neîndulcită măruntită fin (plus mai mult pentru rulare)
- 1 lingură seminţe de chia sau seminţe de busuioc
- 1 lingură de in măcinat
- Zest de 1 grapefruit
- 1/2 grapefruit, suc
- 1/4 cană unt de caju crud
- Ciupiţi de sare

INSTRUCŢIUNI:
a) Se amestecă mai întâi caisele până se măcina fin.
b) Adăugaţi ingredientele rămase şi amestecaţi până se combină.
c) Rulaţi aproximativ 1 lingură din amestec în bile şi rulaţi în nucă de cocos măruntită, apăsând uşor pentru a se lipi.

28. Mușcături de biscuiți cu avocado și grapefruit

INGREDIENTE:
- biscuiti
- 1 avocado, decojit și tăiat felii subțiri
- 1 grapefruit, decojit și segmentat
- 1 lingura miere
- Sare si piper dupa gust

INSTRUCȚIUNI:
a) Aranjați biscuiții pe un platou sau farfurie de servire.
b) Acoperiți fiecare biscuit cu o felie de avocado.
c) Puneți un segment de grapefruit deasupra fiecărei felii de avocado.
d) Stropiți cu miere peste mușcăturile de avocado și grapefruit.
e) Se condimenteaza cu un praf de sare si piper dupa gust.
f) Serviți imediat ca aperitiv sau gustare răcoritoare și delicioasă.

FORM PRINCIPAL

29.Mistreț înăbușit cu sos de citrice și salvie

INGREDIENTE:
- 4,4 kilograme șa de mistreț (gata de gătit)
- 3 foi de dafin
- 1 lingurita ardei ienibahar macinat
- ½ cană bulion de vânat (sau bulion de pui)
- 2 litri de suc de mere nefiltrat
- 7 uncii eșalotă
- 2 catei de usturoi
- sare
- 2 linguri de unt clarificat
- 2 portocale
- 2 grapefruit mici
- 4 salvie proaspata (frunze)

INSTRUCȚIUNI:

a) Clătiți carnea de mistreț, uscați-o și puneți-o într-o pungă mare pentru congelator (6 litri).

b) Adăugați frunza de dafin, ienibahar, piper, bulion și sucul de mere. Sigilați bine punga și întoarceți-o pentru a acoperi carnea. Se lasă la marinat 8-12 ore (de preferință peste noapte) la frigider.

c) Curățați șalota și usturoiul. Tăiați cubulețe usturoiul și tăiați șalota în sferturi.

d) Deschideți punga de congelare, turnați marinada într-un castron mare, îndepărtați carnea și uscați cu prosoape de hârtie. Se încorporează stratul de grăsime cu un cuțit ascuțit în formă de romb și se freacă carnea pe toate părțile cu sare și piper.

e) Se încălzește untul într-o tigaie și se gătește carnea la foc mare pe toate părțile. Adăugați eșalota și usturoiul și gătiți până se înmoaie.

f) Se toarnă marinada în tavă, se acoperă și se gătește în cuptorul preîncălzit la 180°C (ventilator 160°C, gaz: marcajul 2-3) (aproximativ 350°F) timp de aproximativ 2 ore și jumătate, întorcându-le regulat.

g) Scoateți capacul și ridicați temperatura la 200°C (cuptor ventilat 180°C, gaz: marcajul 3) (aproximativ 400°F). Întoarceți carnea, cu partea grasă în sus și gătiți până se formează o crustă frumoasă, încă aproximativ 30 de minute la cuptor.

h) Între timp, folosiți un cuțit ascuțit pentru a tăia coaja portocalelor și grapefruit-ului, astfel încât să fie îndepărtată toată sâmbura albă amară. Tăiați fructele între membrane, lucrând peste un bol pentru a colecta sucurile.
i) Scoateți carnea din tigaie și acoperiți pentru a se menține cald. Scoateți foile de dafin și turnați lichidul de gătit într-o oală. Se aduce la fierbere și se mai fierbe aproximativ 10 minute.
j) Clătește salvia, se usucă cu agitare, smulge frunzele și se toacă mărunt.
k) Adăugați în sos segmentele de citrice și sucul de citrice colectat cu salvie și gătiți aproximativ 5 minute. Asezonați cu sare și piper.
l) Tăiați carnea felii și serviți cu sosul de salvie citrice.

30. Somon la tigaie cu grapefruit olandeză

INGREDIENTE:
- 4 x 200 g fileuri de somon, cu piele și dezosate
- 1 lingură ulei de măsline blând
- 450 g sparanghel, tăiat
- 100 ml apă
- 25 g unt
- 1 lingurita boabe de piper roz
- Rozi de grapefruit, de servit (opțional)
- Pentru olandeza cu grapefruit roz
- 50 ml vin alb sec
- 80 ml otet de vin alb
- 1 salota mica, curatata de coaja si tocata marunt
- 2 crengute de tarhon, tocate grosier
- 200 g unt
- 2 galbenusuri de ou
- 1 lingura suc de grapefruit roz
- 1 lingurita coaja de grapefruit roz
- 1 lingură arpagic tăiat mărunt
- Sare de mare și piper negru măcinat fin

INSTRUCȚIUNI:
a) Începeți prin a face sosul olandez: puneți vinul, oțetul, eșapa și tarhonul într-o cratiță mică și încălziți până se reduce la aproximativ 2 linguri de lichid. Se strecoară, se aruncă solidele și se lasă deoparte până la nevoie.
b) Topiți 200 g unt la foc blând și turnați cu grijă lichidul auriu într-o cană, aruncând solidele lăptoase de pe fundul cratiței.
c) Puneți un castron termorezistent peste o tigaie cu apă clocotită. Adăugați gălbenușurile de ou, sucul de grepfrut și coaja plus jumătate din oțetul redus. Bateți până devine spumos și gros, apoi adăugați încet untul topit, amestecând constant. Amestecam prin arpagic, apoi condimentam cu sare si piper si adaugam putina apa calduta daca este prea gros. Adăugați reducerea de oțet rămasă dacă preferați puțin mai multă aromă. Pune la o parte.
d) Ungeți coaja fileurilor de somon, apoi ungeți cu ulei de măsline și asezonați pe ambele părți cu sare și piper. Puneți o tigaie mare,

antiaderentă, la foc mediu-înalt și, când este fierbinte, adăugați somonul, cu pielea în jos. Reduceți focul la mediu-mic și gătiți aproximativ 5 minute, până când pielea este destul de crocantă. Întoarceți și gătiți cealaltă parte timp de 2-3 minute, până când devine ușor elastică la atingere. Scoateți și lăsați peștele să se odihnească câteva minute.

e) Între timp, pune sparanghelul într-o tigaie mare cu apa, untul și puțină sare și piper. Se pune la foc mare și se fierbe timp de 5 minute, sau până când se înmoaie.

f) Puneți un file de somon pe fiecare farfurie de servire și puneți niște sparanghel alături. Se pune olandeza peste somon si se presara cu cateva boabe de piper roz. Dacă doriți, serviți cu o bucată de grapefruit roz în lateral.

31.Somon glazurat cu grapefruit și ghimbir

INGREDIENTE:
- 4 fileuri de somon
- 1 grapefruit, suc
- 1 lingura de ghimbir ras
- 2 linguri miere
- 2 catei de usturoi, tocati
- Sare si piper, dupa gust

INSTRUCȚIUNI:
a) Preîncălziți cuptorul la 375°F (190°C).
b) Într-un castron mic, amestecați sucul de grapefruit, ghimbirul ras, mierea, usturoiul tocat, sarea și piperul.
c) Puneți fileurile de somon într-o tavă de copt.
d) Turnați glazura de grepfrut peste fileurile de somon.
e) Coaceți timp de 12-15 minute sau până când somonul este fiert.
f) Serviți imediat.

32. Grapefruit și avocado cu pui la grătar

INGREDIENTE:
- 4 piept de pui
- 1 grapefruit, segmentat
- 1 avocado, feliat
- 4 căni de verdeață amestecată
- ¼ cana ceapa rosie tocata
- 2 linguri ulei de masline
- 2 linguri otet de vin alb
- Sare si piper, dupa gust

INSTRUCȚIUNI:
a) Preîncălziți grătarul la foc mediu.
b) Condimentam pieptul de pui cu sare si piper.
c) Pieptul de pui la grătar timp de 6-8 minute pe fiecare parte sau până când este fiert.
d) Într-un castron mare, combinați verdețurile amestecate, segmentele de grepfrut, feliile de avocado și ceapa roșie tocată.
e) Într-un castron separat, amestecați uleiul de măsline, oțetul de vin alb, sarea și piperul pentru a face dressingul.
f) Adăugați dressingul în salată și amestecați pentru a se acoperi.
g) Împărțiți salata în farfurii și acoperiți fiecare farfurie cu un piept de pui la grătar.
h) Serviți imediat.

33. Muschiță de porc glazurată cu grapefruit și ghimbir

INGREDIENTE:
- 1 muschi de porc
- 1 grapefruit, suc
- 1 lingura de ghimbir ras
- 2 linguri miere
- 2 catei de usturoi, tocati
- Sare si piper, dupa gust

INSTRUCȚIUNI:
a) Preîncălziți cuptorul la 375°F (190°C).
b) Într-un castron mic, amestecați sucul de grapefruit, ghimbirul ras, mierea, usturoiul tocat, sarea și piperul.
c) Puneți muschiul de porc într-o tavă de copt.
d) Turnați glazura de grepfrut peste muschiul de porc.
e) Coaceți timp de 20-25 de minute sau până când muschiul de porc este fiert.
f) Lăsați muschiul de porc să se odihnească timp de 5 minute înainte de a tăia felii.
g) Serviți imediat.

34.Scaloppine de vițel cu grapefruit roșu rubin

INGREDIENTE:
- Felii de scaloppin de vițel
- Sare si piper
- Făină universală, pentru dragare
- Ulei de masline
- Unt
- Segmente de grapefruit roșu rubin
- vin alb
- Pătrunjel proaspăt, tocat (pentru garnitură)

INSTRUCȚIUNI:
a) Se condimentează feliile de scaloppine de vițel cu sare și piper, apoi se strecoară în făină, scuturând orice exces.
b) Încinge uleiul de măsline și untul într-o tigaie la foc mediu-mare.
c) Adăugați feliile de scaloppin de vițel în tigaie și gătiți până se rumenesc pe ambele părți, aproximativ 2-3 minute pe fiecare parte.
d) Scoateți carnea de vițel din tigaie și lăsați deoparte.
e) În aceeași tigaie, adăugați segmente de grepfrut roșu rubin și gătiți timp de 1-2 minute pentru a le încălzi.
f) Deglazează tigaia cu vin alb, răzuind orice bucăți rumenite de pe fund.
g) Întoarceți feliile de scaloppine de vițel în tigaie și fierbeți încă un minut în sosul de grepfrut și vin.
h) Se ornează cu pătrunjel proaspăt tocat înainte de servire.

35. Șuncă Picantă Cu Glazură De Grapefruit

INGREDIENTE:
- 1 șuncă proaspătă (aproximativ 5-6 lire sterline)

FRECAT DE CONDIMENT:
- 2 linguri de zahar brun
- 1 lingura boia
- 1 lingurita scortisoara macinata
- 1 lingurita de ghimbir macinat
- 1 lingurita cuisoare macinate
- Sare si piper, dupa gust

Glazura cu grepfrut:
- 1 cană suc de grapefruit proaspăt stors
- 1/4 cană zahăr brun
- 2 linguri muștar de Dijon
- 2 linguri sos de soia
- 2 catei de usturoi, tocati
- Sare si piper, dupa gust

INSTRUCȚIUNI:
a) Preîncălziți cuptorul la 325°F (160°C).
b) Într-un castron mic, amestecați ingredientele pentru condimente.
c) Frecați amestecul de condimente peste toată șunca proaspătă.
d) Puneți șunca pe o tigaie și prăjiți în cuptorul preîncălzit pentru aproximativ 2-3 ore, sau până când temperatura internă atinge 145°F (63°C).
e) În timp ce șunca se prăjește, pregătiți glazura de grapefruit. Într-o cratiță, combinați sucul de grapefruit, zahărul brun, muștarul Dijon, sosul de soia, usturoiul tocat, sare și piper. Aduceți la fiert la foc mediu și gătiți până când amestecul s-a redus și s-a îngroșat ușor.
f) Ungeți glazura de grepfrut peste șuncă în ultimele 30 de minute de prăjire, ungeți ocazional.
g) Odată ce șunca este gătită și glazurată, scoateți-o din cuptor și lăsați-o să se odihnească aproximativ 10-15 minute înainte de a o feli.
h) Servește șunca proaspătă cu condimente cu glazură de grepfrut, ornata cu felii suplimentare de grepfrut, dacă se dorește.

36. Somon braconat în vin de grapefruit

INGREDIENTE:
- 4 fileuri de somon
- Sare si piper, dupa gust
- 2 cani de vin alb sec
- 1 cană suc de grapefruit proaspăt stors
- Zest de 1 grapefruit
- 2 catei de usturoi, tocati
- 2 salote, feliate subtiri
- Ierburi proaspete (cum ar fi mărar, cimbru sau pătrunjel), pentru garnitură

INSTRUCȚIUNI:
a) Se condimentează fileurile de somon cu sare și piper.
b) Într-o tigaie mare sau într-o tigaie mică, combinați vinul alb, sucul de grapefruit, coaja de grapefruit, usturoiul tocat și eșapa tăiată felii.
c) Aduceți lichidul la fiert la foc mediu.
d) Adăugați cu grijă fileurile de somon condimentate în tigaie, asigurându-vă că sunt scufundate în lichidul de braconat.
e) Pozați somonul timp de 8-10 minute sau până când peștele este gătit și se fulge ușor cu o furculiță.
f) Folosind o spatulă cu fante, transferați cu grijă fileurile de somon poșat în farfurii de servire.
g) Ornați cu ierburi proaspete și coajă suplimentară de grapefruit, dacă doriți.
h) Servește somonul fierbinte, însoțit de garniturile tale preferate.

37. Salată „Cobb" cu grepfrut și păstrăv afumat

INGREDIENTE:
- 8 căni de verdeață de salată mixtă
- 1 grapefruit, decojit și segmentat
- 8 uncii păstrăv afumat, fulgi
- 2 oua fierte tari, feliate
- 1 avocado, taiat cubulete
- 1/2 cană brânză albastră mărunțită
- 1/4 cană nuci sau nuci tocate
- Vinaigretă balsamică

INSTRUCȚIUNI:
a) Aranjați salata verde pe un platou mare de servire.
b) Deasupra cu segmente de grepfrut, păstrăv afumat, ouă fierte tari felii, avocado tăiat cubulețe, brânză albastră mărunțită și nuci mărunțite.
c) Stropiți cu vinegretă balsamică și serviți imediat, opțional garnisind cu extra nuci sau brânză albastră.

38. Salată de rață cu sfeclă și grapefruit

INGREDIENTE:
- 2 piept de rata
- Sare si piper, dupa gust
- 2 căni de verdeață de salată mixtă
- 1 grapefruit, decojit și segmentat
- 1 cană de sfeclă caramelizată, feliată
- 1/4 cana nuci prajite sau nuci pecan, tocate
- Vinaigretă balsamică

INSTRUCȚIUNI:
a) Condimentam pieptul de rata cu sare si piper.
b) Încinge o tigaie la foc mediu-mare și pune pieptul de rață cu pielea în jos. Gatiti 6-8 minute pana cand pielea devine maro aurie si crocanta.
c) Întoarceți pieptul de rață și gătiți încă 4-5 minute pentru mediu-rar sau mai lung, după preferință.
d) Lăsați piepții de rață să se odihnească câteva minute înainte de a-i tăia subțiri.
e) Într-un castron mare, amestecați salata verde cu fragmente de grepfrut, sfeclă caramelizată și nuci sau nuci pecan prăjite.
f) Aranjați pieptul de rață feliat deasupra salatei.
g) Stropiți cu vinaigretă balsamică și serviți imediat, opțional garnisind cu extra nuci prăjite.

39. Scoici cu fenicul, castraveți și grapefruit

INGREDIENTE:
- Scoici proaspete
- Sare si piper
- Ulei de masline
- Bulb de fenicul, ras subțire
- Castraveți, feliați subțiri
- Segmente de grapefruit
- Frunze de mentă proaspătă
- Suc de lămâie
- Ulei de măsline extra virgin

INSTRUCȚIUNI:
a) Se usucă scoicile cu prosoape de hârtie și se condimentează cu sare și piper.
b) Încinge ulei de măsline într-o tigaie la foc mare.
c) Odată ce uleiul este fierbinte, adăugați scoicile în tigaie și prăjiți timp de 1-2 minute pe fiecare parte, până se rumenesc și sunt fierte.
d) Într-un castron mare, combinați feniculul ras, feliile de castraveți, segmentele de grepfrut și frunzele proaspete de mentă.
e) Stropiți cu suc de lămâie și ulei de măsline extravirgin și asezonați cu sare și piper după gust.
f) Aruncați ușor salata pentru a o combina.
g) Aranjați scoicile prăjite deasupra salatei.
h) Serviți imediat, ornat cu frunze suplimentare de mentă proaspătă, dacă doriți.

40. Tacos cu halibut cu salsa de grapefruit-avocado

INGREDIENTE:
- 4 file de halibut
- Sare si piper, dupa gust
- 1 lingura ulei de masline
- 8 tortilla mici de porumb, încălzite
- 1 avocado, taiat cubulete
- 1 grapefruit, decojit, segmentat și tocat
- 1/4 cana ceapa rosie tocata
- 2 linguri coriandru proaspăt tocat
- 1 jalapeno, fără semințe și tăiat cubulețe
- Suc de 1 lime

INSTRUCȚIUNI:
a) Se condimentează fileurile de halibut cu sare și piper.
b) Încinge uleiul de măsline într-o tigaie la foc mediu-înalt. Adăugați fileurile de halibut și gătiți timp de 3-4 minute pe fiecare parte sau până când sunt fierte și aurii.
c) Scoateți halibutul din tigaie și lăsați-l să se odihnească câteva minute înainte de a-l fulgi în bucăți mici.
d) Într-un castron, combinați avocado tăiat cubulețe, grapefruitul tocat, ceapa roșie, coriandru, jalapeno și sucul de lămâie pentru a face salsa. Se condimenteaza cu sare si piper dupa gust.
e) Pentru a asambla tacos, împărțiți halibutul în fulgi între tortilla încălzite. Acoperiți cu salsa de grapefruit-avocado.
f) Serviți imediat, opțional garnisind cu coriandru suplimentar sau o stoarcere de suc de lămâie.

41. Grapefruit și Creveți

INGREDIENTE:
- 1 kilogram de creveți fierți
- 1 grapefruit, segmentat
- 1 avocado, taiat cubulete
- ¼ cana ceapa rosie tocata
- 2 linguri coriandru proaspăt tocat
- 2 linguri ulei de masline
- 2 linguri suc de lamaie
- Sare si piper, dupa gust

INSTRUCȚIUNI:
a) Într-un castron mare, combinați creveții fierți, segmentele de grepfrut, avocado tăiat cubulețe, ceapa roșie tocată și coriandru proaspăt tocat.
b) Într-un castron separat, amestecați uleiul de măsline, sucul de lămâie, sarea și piperul pentru a face dressingul.
c) Adăugați dressingul în salată și amestecați pentru a se acoperi.
d) Serviți imediat.

LUTURI SI SALATE

42. Salată de citrice și radicchio cu curmale

INGREDIENTE:

- 2 grapefruit roșu
- 3 portocale
- 1 lingurita zahar
- ½ linguriță sare de masă
- 3 linguri ulei de măsline extravirgin
- 1 șalotă mică, tocată
- 1 lingurita mustar de Dijon
- 1 radicchio cu cap mic (6 uncii), tăiat în jumătate, fără miez și feliat subțire
- ⅔ cană curmale tăiate cu sâmburi, împărțite
- ½ ceasca de migdale afumate, tocate, impartite

INSTRUCȚIUNI:

a) Tăiați coaja și miezul de la grepfrut și portocale. Tăiați fiecare fruct în jumătate din stâlp la stâlp, apoi feliați în cruce de ¼ inch grosime.
b) Se transferă într-un castron, se amestecă cu zahăr și sare și se lasă să stea 15 minute.
c) Scurgeți fructele într-o strecurătoare cu plasă fină pusă peste un castron, rezervând 2 linguri de suc. Aranjați fructele într-un strat uniform pe un platou de servire și stropiți cu ulei.
d) Bateți sucul de citrice rezervat, eșapa și muștarul într-un castron mediu.
e) Adăugați radicchio, ⅓ cană curmale și ¼ cană migdale și amestecați ușor pentru a acoperi. Se condimenteaza cu sare si piper dupa gust.
f) Aranjați amestecul de radicchio peste fructe, lăsând un margine de fructe de 1 inch în jurul marginilor.
g) Presărați cu ⅓ de cană de curmale rămase și cu ¼ de cană de migdale rămase. Servi.

43.Salată de catifea roșie roz

INGREDIENTE:
SALATĂ
- 4 morcovi întregi
- ⅓ ceapă roșie medie, tăiată
- 1 sfeclă mare
- 1 grapefruit roz, secționat
- 1 mână de fistic tocat grosier

VINIGRETĂ
- ½ cană ulei de măsline
- ¼ cană oțet de vin de orez
- 1 lingurita mustar
- 1 lingurita sirop de artar
- 1-2 catei de usturoi, tocati
- sare si piper dupa gust

INSTRUCȚIUNI:
a) Tăiați sfecla în felii medii și puneți-le într-o recipient pentru microunde, capac și micro până când furculița se înmoaie.
b) Folosind un curățător de morcovi, rade fâșii lungi din fiecare morcov până când ajungi la miez și nu te mai poți bărbieri. Păstrați miezurile pentru a le mânca mai târziu.
c) Într-un castron mare, puneți toate ingredientele pentru salată , cu excepția fisticului.
d) Într-un alt bol puneți toate ingredientele pentru dressing și amestecați până se emulsionează.
e) Când sunteți gata să serviți salata, aruncați-o cu suficient sos pentru a o acoperi și rezervați restul pentru salata de mâine.
f) Presărați fistic și sunteți gata.

44. Salată de fructe cu grepfrut de iarnă

INGREDIENTE:
- 2 grapefruit, decojite si segmentate
- 2 portocale, curatate de coaja si segmentate
- 1 rodie, cu sâmburi îndepărtate
- Frunze de menta, pentru decor

INSTRUCȚIUNI:

a) Într-un castron mare, combinați segmentele de grepfrut, segmentele de portocală și semințele de rodie.
b) Se amestecă ușor pentru a se amesteca.
c) Se ornează cu frunze de mentă proaspătă.
d) Serviți imediat ca o salată de fructe de iarnă răcoritoare și colorată.

45. Salată de grepfrut, sfeclă și brânză albastră

INGREDIENTE:
- ½ buchet de nasturel; tulpini grosiere aruncate
- 1 grapefruit
- 1 uncie brânză albastră; tăiați în felii mici și subțiri
- 2 sfeclă fiartă decojită, rasă grosier
- 4 lingurițe ulei de măsline extravirgin
- 1 lingura otet balsamic
- Sare grunjoasă după gust
- Piper măcinat grosier după gust

INSTRUCȚIUNI:
a) Împărțiți cresonul în 2 farfurii de salată și aranjați decorativ deasupra bucăți de grepfrut și brânză.
b) Într-un castron mic, amestecați sfecla, 2 lingurițe de ulei și oțet și împărțiți între salate.
c) Stropiți salatele cu uleiul rămas și asezonați cu sare și piper.

46. Salată de fructe proaspete în straturi

INGREDIENTE:
- ½ lingurita coaja rasa de portocala
- ⅔ cană suc de portocale
- ½ lingurita coaja rasa de lamaie
- ⅓ cană suc de lămâie
- ⅓ cană de zahăr brun deschis la pachet
- 1 baton de scortisoara

SALATA DE FRUCTE:
- 2 căni de ananas proaspăt tăiat cuburi
- 2 cesti de capsuni proaspete feliate
- 2 kiwi mijlocii, curatati de coaja si feliati
- 3 banane medii, feliate
- 2 portocale medii, curatate de coaja si taiate
- 1 grapefruit roșu mediu, decojit și secționat
- 1 cană de struguri roșii fără semințe

INSTRUCȚIUNI:

a) Fierbeți primele 6 ingrediente într-o cratiță. Reduceți focul apoi fierbeți timp de 5 minute fără capac.

b) Lasati sa se raceasca complet apoi aruncati batonul de scortisoara.

c) Într-un castron mare de sticlă, faceți straturi de fructe. Se întinde deasupra cu amestecul de suc.

d) Acoperiți apoi păstrați la frigider câteva ore.

47.Salata De Grapefruit Cu Seminte De Rodie

INGREDIENTE:
- Salată mixtă de verdeață
- 1 grapefruit, decojit și segmentat
- Seminte de rodie
- Brânză de capră, mărunțită
- Nuci de pin prajite sau migdale
- Vinaigretă balsamică sau dressing de citrice

INSTRUCȚIUNI:
a) Aranjați salata verde pe un platou de servire sau pe farfurii individuale.
b) Acoperiți cu segmente de grepfrut, semințe de rodie, brânză de capră mărunțită și nuci de pin prăjite sau migdale.
c) Stropiți cu vinaigretă balsamică sau dressing de citrice.
d) Serviți imediat ca o opțiune de salată colorată și aromată.

48. Salată de grapefruit, avocado și prosciutto

INGREDIENTE:
- 1 grapefruit mic roșu-rubiniu
- 2 cani de piept de pui rotisor tocat fara piele si dezosat
- ¾ linguriță ulei de susan închis
- ⅛ linguriță de piper negru proaspăt măcinat
- Un strop de sare cușer
- 1 cană de verdeață micro, pui de rucola sau salată verde ruptă
- ½ avocado copt decojit, feliat subțire
- ¾ cană bucăți de ananas proaspăt
- ½ cană de măr Granny Smith tocat
- ¼ cană morcovi
- ¼ cană Edamame
- 1 felie foarte subțire de prosciutto
- Hummus rămas
- 3 linguri alune prajite tocate
- biscuiți cu mai multe semințe

INSTRUCȚIUNI:

a) Curățați grapefruit; tăiați secțiuni din grapefruit peste un castron mediu. Strângeți membranele pentru a extrage aproximativ 1 lingură de suc.

b) Pune secțiuni deoparte. Adăugați ulei, piper și sare în suc, amestecând cu un tel. Adăugați verdeață; arunca pentru a acoperi.

c) Aranjați verdețurile pe o farfurie; acoperiți cu secțiuni de grepfrut, avocado, ananas, edamame, morcovi și prosciutto.

d) Serviți cu hummus, alune și biscuiți cu mai multe semințe.

49.Salată de grepfrut de varză roşie

INGREDIENTE:
- 4 căni de varză roșie feliată subțire
- 2 cani de grapefruit segmentat
- 3 linguri de afine uscate
- 2 linguri de seminte de dovleac

INSTRUCȚIUNI:

a) ingredientele pentru salată într-un bol mare și amestecați.

50.Salata de morcovi si somon afumat

INGREDIENTE:
- 2 kilograme de morcovi cu verdeață atașată, împărțite, ¼ de cană de verdeață tocată
- 5 linguri de otet de cidru, impartite
- 1 lingura zahar
- ⅛ linguriță plus ¾ linguriță sare de masă împărțite
- ¼ cană ulei de măsline extravirgin, împărțit
- ¼ lingurita de piper
- 1 grapefruit roșu
- 2 linguri de marar proaspat tocat
- 2 lingurițe de muștar de Dijon
- 2 capete andive belgiane (4 uncii fiecare), tăiate în jumătate, fără miez și feliate de ½ inch grosime
- 8 uncii de somon afumat

INSTRUCȚIUNI:

a) Reglați grătarul cuptorului în poziția cea mai joasă și încălziți cuptorul la 450 de grade. Curățați și bărbieriți 4 uncii de morcovi în panglici subțiri cu un curățător de legume; pus deoparte. Curățați și feliați morcovii rămași cu grosimea de ¼ inch; pus deoparte.

b) Puneți la microunde ¼ de cană de oțet, zahăr și ⅛ linguriță de sare într-un castron până se fierbe, 1 până la 2 minute. Se amestecă morcovii rași, apoi se lasă să stea, amestecând din când în când, timp de 45 de minute. (Morcovii murați scurți pot fi păstrați la frigider până la 5 zile.)

c) Aruncă morcovii tăiați felii cu 1 lingură de ulei, piper și ½ linguriță de sare într-un castron, apoi întindeți într-un singur strat pe o tavă de copt cu margine, cu partea tăiată în jos. Se prăjește până când se înmoaie și fundul este bine rumenit, 15 până la 25 de minute. Lasam sa se raceasca putin, aproximativ 15 minute.

d) Între timp, tăiați coaja și sâmburele de grapefruit. Grepfrutul se pătrunde în sferturi, apoi se taie în cruce în bucăți groase de ¼ inch.

e) Se amestecă într-un castron mare mararul, muștarul, 1 lingură rămasă de oțet și ¼ de linguriță de sare rămasă. Se amestecă constant, se stropesc încet restul de 3 linguri de ulei până se emulsionează. Adăugați andive, verdeață de morcov, morcovi prăjiți, morcovi murați și grapefruit și amestecați pentru a combina; se asezoneaza cu sare si piper dupa gust. Aranjați somonul în jurul marginii platoului de servire, apoi transferați salata în centrul platoului. Servi.

51. Salată de verdeață amare, grapefruit și avocado

INGREDIENTE:
- Amestecuri de verdeață amare (cum ar fi rucola, andive, radicchio)
- 1 grapefruit, decojit și segmentat
- 1 avocado, feliat
- Ceapa rosie, feliata subtire
- Nuci prajite sau nuci pecan
- Vinaigretă balsamică sau dressing de citrice

INSTRUCȚIUNI:
a) Într-un castron mare, combinați verdețurile amare amestecate, segmentele de grapefruit, feliile de avocado, ceapa roșie tăiată subțire și nucile sau nucile pecan prăjite.
b) Stropiți cu vinaigretă balsamică sau dressing de citrice.
c) Se amestecă ușor pentru a acoperi toate ingredientele.
d) Serviți imediat ca o salată răcoritoare și vibrantă.

52.Salata de nasturel, grapefruit roz si nuci

INGREDIENTE:
- Nasturel
- Segmente de grapefruit roz
- Nuci prajite
- Ceapa rosie, feliata subtire
- Vinaigretă balsamică

INSTRUCȚIUNI:
a) Într-un castron mare, combinați cresonul, segmentele de grapefruit roz, nucile prăjite și ceapa roșie feliată subțire.
b) Stropiți cu vinegretă balsamică.
c) Se amestecă ușor pentru a acoperi toate ingredientele.
d) Serviți imediat ca o opțiune de salată răcoritoare și aromată.

53. Salată de grepfrut și avocado

INGREDIENTE:
- 1 grapefruit, segmentat
- 1 avocado, feliat
- 2 căni de verdeață amestecată
- ¼ cană ceapă roșie feliată
- 2 linguri ulei de masline
- 1 lingura miere
- 1 lingura otet de vin alb
- Sare si piper, dupa gust

INSTRUCȚIUNI:
a) Într-un castron mare, combinați verdeața amestecată și ceapa roșie.
b) Într-un castron separat, amestecați uleiul de măsline, mierea, oțetul de vin alb, sarea și piperul pentru a face dressingul.
c) Adăugați bucățile de grepfrut și feliile de avocado în bolul de amestecare cu verdeața amestecată și ceapa roșie.
d) Stropiți dressingul deasupra și amestecați totul împreună.
e) Serviți imediat.

54. Salată de grapefruit, somon și avocado

INGREDIENTE:
- 1 grapefruit, decojit și segmentat
- 4 căni de verdeață de salată mixtă
- 1 avocado, feliat
- 8 uncii de somon afumat, fulgi
- 1/4 cană ceapă roșie feliată
- 2 linguri de marar proaspat tocat
- 2 linguri ulei de masline
- 1 lingura suc de lamaie
- Sare si piper, dupa gust

INSTRUCȚIUNI:
a) Într-un castron mare, combinați salata verde, segmentele de grepfrut, feliile de avocado, somonul afumat, ceapa roșie și mărarul.
b) Într-un castron mic, amestecați uleiul de măsline și sucul de lămâie pentru a face dressingul. Asezonați cu sare și piper.
c) Stropiți sosul peste salată și amestecați ușor pentru a se acoperi.
d) Serviți imediat, ornat cu mărar suplimentar, dacă doriți.

55. Grepfrut și sfeclă prăjită cu oțet

INGREDIENTE:
- 4 sfeclă medie, curățată și tăiată felii
- 1 grapefruit, decojit și segmentat
- 2 linguri ulei de masline
- 2 linguri de otet balsamic
- Sare si piper, dupa gust

SALSA VERDE:
- 1/4 cană pătrunjel proaspăt tocat
- 2 linguri coriandru proaspăt tocat
- 2 linguri de menta proaspata tocata
- 1 lingura capere, scurse si tocate
- 1 cățel de usturoi, tocat
- 2 linguri otet de vin rosu
- 1/4 cană ulei de măsline
- Sare si piper, dupa gust

INSTRUCȚIUNI:
a) Preîncălziți cuptorul la 400°F (200°C).
b) Într-un castron mare, amestecați sfecla feliată cu ulei de măsline, oțet balsamic, sare și piper.
c) Întindeți sfecla pe o foaie de copt într-un singur strat.
d) Se prăjește în cuptorul preîncălzit timp de 25-30 de minute, sau până când se înmoaie și se caramelizează, amestecând la jumătate.
e) În timp ce sfecla se prăjește, pregătiți salsa verde combinând toate ingredientele salsa verde într-un castron. Se condimenteaza cu sare si piper dupa gust.
f) Aranjați sfecla prăjită și segmentele de grapefruit pe un platou de servire.
g) Stropiți cu salsa verde și serviți cald sau la temperatura camerei.

DESERT

56. Plăcintă cu grapefruit

INGREDIENTE:
- 1 porție Ritz Crunch necopt
- 1 porție de Grapefruit Passion Curd
- 1 porție de grapefruit condensat îndulcit

INSTRUCȚIUNI:
a) Încinge cuptorul la 275°F.
b) Apăsați crunch-ul Ritz într-o formă de plăcintă de 10 inci. Folosind degetele și palmele mâinilor, apăsați ferm crunchul, asigurându-vă că acoperiți fundul și părțile laterale uniform și complet.
c) Puneți tava pe o tavă și coaceți 20 de minute. Crusta Ritz ar trebui să fie puțin mai aurie și puțin mai adâncă în bunătate untoasă decât crocantul cu care ați început.
d) Răciți crusta complet; învelită în plastic, crusta poate fi congelată până la 2 săptămâni.
e) Folosind o lingură sau o spatulă offset, întindeți uniform coagul de grapefruit pe fundul crustei Ritz. Pune plăcinta la congelator pentru a se întări cașul, aproximativ 30 de minute.
f) Folosind o lingură sau o spatulă offset, întindeți grapefruitul condensat îndulcit deasupra cașului, având grijă să nu amestecați cele două straturi și asigurându-vă că coagul este acoperit în întregime. Reveniți la congelator până când sunt gata de tăiat și servit.

57. Tartă cu portocale cu nuci braziliene

INGREDIENTE:
- 3 Ouă, separate
- ¾ cană Zahar granulat
- Coaja rasă a unei portocale
- 1 lingurita Extract de vanilie
- 2 căni Nuci braziliene măcinate fin
- 1½ lingură Făină universală
- ¼ de lingurita Sare
- Garnitură:
- 2 Grapefruits
- 2 Portocale
- 4 mari Albușuri de ou
- 1¼ cană Zahar granulat

INSTRUCȚIUNI:

a) Preîncălziți cuptorul la 350 de grade. Tapetați o tavă rotundă de 10 inci cu hârtie de copt, unt și făină.

b) Într-un castron, bateți gălbenușurile de ou și zahărul până când sunt galbene. Adăugați coaja de portocală și vanilia, bateți până devine ușor și pufos și lăsați deoparte.

c) Într-un castron, combinați 1 cană de nuci braziliene cu făina și lăsați deoparte. Rezervați nucile rămase pentru garnitură.

d) Într-un alt bol, bate albușurile spumă. Se presară sare și se bate în continuare până se formează vârfuri moi. Alternează amestecul de nuci și făină și amestecul de gălbenușuri bătute, până se combină. Se toarnă în tava pregătită.

e) Coaceți timp de 25 până la 30 de minute sau până când se rumenesc ușor. Puneți pe un gratar să se răcească, timp de aproximativ 10 minute. Treceți un cuțit de-a lungul marginii pentru a slăbi și răsturnați pe un platou. Scoatem pergamentul si lasam sa se raceasca complet.

f) Între timp, preîncălziți cuptorul la 300 de grade. Asezam tortul pe o tava tapetata cu hartie de copt.

g) Trecând peste un bol pentru a prinde sucurile, curățați grapefruit-urile și portocalele și tăiați-le între membrane pentru a îndepărta

bucățile. Scoateți semințele. Aranjați secțiunile peste tort. Se toarnă sucul printr-o strecurătoare și se stropește peste prăjitură.
h) Într-un castron, bate spumă albușurile. Adăugați treptat zahărul, amestecând până se formează vârfuri tari, aproximativ 10 minute. Încorporați ușor 1 cană rezervată de nuci braziliene măcinate.
i) Întindeți bezeaua uniform peste tort și coaceți timp de jumătate de oră. Se raceste pe un gratar si se serveste.

58. Compot de citrice cu granita de grapefruit

INGREDIENTE:

- 2 grapefruit mici
- 1 ½ cană suc de grepfrut roșu rubin
- ⅓ cană semințe de rodie
- ½ cană apă
- ½ cană zahăr de cocos
- 2 portocale mici pentru buric
- 2 clementine

INSTRUCȚIUNI:

a) Într-o tigaie mică, aduceți apa și siropul de arțar la fiert și amestecați.
b) Se da deoparte si se lasa sa se raceasca cateva minute.
c) Adăugați sucul de grepfrut și amestecați bine. Transferați într-un vas pătrat de 8 inci și congelați timp de 1 oră.
d) Se amestecă cu o furculiță și se congelează încă 2-3 ore până când este complet înghețată. Se amestecă la fiecare 30 de minute.
e) Fiecare portocală trebuie să aibă o felie subțire tăiată de sus și de jos. Cu ajutorul unui cuțit, îndepărtați coaja și stratul exterior de pe portocale.
f) Clementinele decojite și segmentate trebuie adăugate la portocale și grapefruit. Se amestecă ușor semințele de rodie.
g) Pentru a servi, folosiți o furculiță pentru a amesteca granita. Straturi de granit și amestec de fructe alternativ în șase feluri de desert.

59. Mousse de grapefruit

INGREDIENTE:
- 2 gălbenușuri de ou
- ⅓ cană de zahăr
- 1 pachet de gelatină nearomatizată
- 3 linguri Gin
- 8 uncii suc de grepfrut
- 1 lingurita coaja rasa de grapefruit
- 1 cană smântână
- 2 cesti smantana pentru frisca
- 3 linguri de zahăr
- 2 albușuri
- 2 căni de căpșuni proaspete tăiate felii
- Căpșuni întregi pentru ornat

INSTRUCȚIUNI:
a) Bateți gălbenușurile de ou și ⅓ de cană de zahăr într-un castron de oțel inoxidabil peste o baie de apă fierbinte sau jumătatea superioară a unui boiler până când se deschid la culoare și devin pufoase (aproximativ 2 minute). Adăugați gelatina care a fost înmuiată în gin la amestecul de ouă și continuați să bateți încă 2 minute. Se ia de pe foc si se adauga sucul de grapefruit, coaja si smantana. Amestecați bine. Se da la frigider pentru 10 minute. Intre timp, frisca cu 3 linguri de zahar. Bate albusurile spuma pana formeaza varfuri tari.
b) Îndoiți jumătate din frișcă (rezervând jumătate pentru garnitură) în amestecul de gelatină răcit. Amesteca bine. Încorporați albușurile. Se da la rece 4-6 ore. Serviți în pahare de parfait, alternând mousse cu straturi de căpșuni feliate.
c) Acoperiți cu frișcă rămasă și căpșuni întregi.

60. Tutti frutti fleac

INGREDIENTE:
- ½ grapefruit
- 1 portocală
- 1 cană ananas proaspăt
- 6 Marshmallows
- 6 cireșe Maraschino
- ½ cană nucă de cocos măruntită
- 2 linguri suc de maraschino
- 3 albușuri
- 6 linguri zahăr cofetar

INSTRUCȚIUNI:
a) Scoateți segmentele din membrana de grepfrut și portocală, feliați ananas și tăiați marshmallows și cireșe în optimi.
b) Înmuiați marshmallows și nuca de cocos în sucuri combinate.
c) Bate albusurile spuma pana se taie si adauga zaharul.
d) Se combină cu fructe și amestec de marshmallow de nucă de cocos. Congelați în tava de la frigider până se întăresc.

61. Sorbet cu grepfrut

INGREDIENTE:
- 4 grepfrut
- 3 linguri suc proaspăt de lămâie
- ½ cană sirop ușor de porumb
- ⅔ cană zahăr
- Aromatice optionale: cateva crengute de tarhon, busuioc sau lavanda; sau ½ jumătate de boabe de vanilie despicată; semințele îndepărtate
- ¼ cană de vodcă

INSTRUCȚIUNI:
a) Pregătiți Cu un curățător, îndepărtați 3 fâșii de coajă de pe 1 grapefruit. Tăiați toate grapefruit-urile în jumătate și stoarceți 3 căni de suc din ele.
b) Gatiti Combinati sucul de grapefruit, coaja, sucul de lamaie, siropul de porumb si zaharul intr-o cratita de 4 litri si aduceti la fierbere, amestecand pentru a dizolva zaharul. Transferați într-un bol mediu, adăugați aromaticele, dacă folosiți, și lăsați să se răcească.
c) Răcire Îndepărtați coaja de grapefruit. Pune baza de sorbet la frigider si da la rece cel putin 2 ore.
d) Congelare Scoateți baza de sorbet din frigider și strecurați orice aromă. Adăugați vodca. Scoateți recipientul înghețat din congelator, asamblați mașina de înghețată și porniți-o. Se toarnă baza de sorbet în recipient și se toarnă până când capătă consistența unei frișcă foarte moale.
e) Ambalați sorbetul într-un recipient de depozitare. Apăsați o foaie de pergament direct pe suprafață și sigilați-o cu un capac ermetic. Congelați în partea cea mai rece a congelatorului până când se întărește, cel puțin 4 ore.

62. Biscuiți cu grapefruit negru și roz

INGREDIENTE:
- 2 căni de făină universală
- 1/2 lingurita praf de copt
- 1/4 lingurita sare
- 1/2 cană unt nesărat, înmuiat
- 1 cană zahăr granulat
- Zest de 1 grapefruit roz
- 2 linguri suc de grepfrut roz
- 1 ou
- Colorant alimentar roz (opțional)
- Zahăr cofetar, pentru pudrat (opțional)

INSTRUCȚIUNI:
a) Preîncălziți cuptorul la 350°F (175°C). Tapetați foile de copt cu hârtie de copt.
b) Într-un castron mediu, amestecați făina, praful de copt și sarea.
c) Într-un castron mare, cremă împreună untul înmuiat și zahărul granulat până devine ușor și pufos.
d) Se amestecă coaja de grapefruit, sucul de grapefruit, oul și colorantul alimentar roz (dacă se folosește) până se combină bine.
e) Adăugați treptat amestecul de făină la ingredientele umede, amestecând până se formează un aluat.
f) Rulați porțiuni de aluat de mărimea unei linguri în bile și așezați-le pe foile de copt pregătite, la distanță de 2 inci.
g) Folosiți fundul unui pahar pentru a aplatiza ușor fiecare bilă de aluat.
h) Coacem in cuptorul preincalzit 10-12 minute, sau pana cand marginile sunt usor aurii.
i) Scoateți din cuptor și lăsați fursecurile să se răcească pe foile de copt timp de 5 minute înainte de a le transfera pe grătare pentru a se răci complet.
j) Pudrați cu zahăr de cofetă, dacă doriți, înainte de servire.

63. Zabaglione Miere Cu Grapefruit

INGREDIENTE:
- 4 gălbenușuri mari
- 1/4 cană miere
- 1/4 cană vin dulce Marsala
- 1 lingurita extract de vanilie
- 2 căni segmente de grapefruit proaspăt

INSTRUCȚIUNI:

a) Într-un castron termorezistent, amestecați gălbenușurile de ou, mierea, vinul Marsala și extractul de vanilie.

b) Așezați vasul peste o oală cu apă clocotită, asigurându-vă că fundul vasului nu atinge apa.

c) Amestecul se bate încontinuu până se îngroașă și formează vârfuri moi, aproximativ 5-7 minute.

d) Luați vasul de pe foc și continuați să amestecați încă un minut pentru a se răci ușor.

e) Împărțiți segmentele de grapefruit în felurile de servire și puneți deasupra cu lingura zabaglione cu miere.

f) Se serveste imediat, optional garnisind cu frunze de menta sau un strop de zahar pudra.

64. Grapefruit la grătar

INGREDIENTE:
- Jumătăți de grapefruit
- Zahăr brun sau miere
- Scorțișoară măcinată

INSTRUCȚIUNI:
a) Preîncălziți grătarul în cuptor.
b) Tăiați grapefruitul în jumătate și puneți jumătățile pe o tavă de copt, cu partea tăiată în sus.
c) Stropiți fiecare jumătate de grapefruit cu zahăr brun sau stropiți cu miere.
d) Stropiți cu un strop de scorțișoară măcinată.
e) Așezați foaia de copt sub broiler timp de 3-5 minute, sau până când zahărul este caramelizat și clocotișează.
f) Se scoate din cuptor si se lasa putin sa se raceasca inainte de servire.

65. Grapefruit Cu Fistic

INGREDIENTE:
- 2 grapefruit, decojite si segmentate
- 1/4 cană fistic tocat
- Miere, pentru burniță (opțional)

INSTRUCȚIUNI:
a) Aranjați segmentele de grepfrut pe o farfurie de servire.
b) Presarati fisticul tocat peste grapefruit.
c) Stropiți cu miere dacă doriți.
d) Serviți imediat ca o gustare răcoritoare sau un desert ușor.

66. Grapefruit Cu Ricotta și Miere de Cardamom

INGREDIENTE:
- 2 grapefruit, decojite si segmentate
- 1 cană de brânză ricotta
- 2 linguri miere
- 1/2 linguriță cardamom măcinat
- Fistic sau migdale, tocate (optional, pentru garnitura)

INSTRUCȚIUNI:
a) Aranjați segmentele de grepfrut pe o farfurie de servire.
b) Într-un castron mic, amestecați brânza ricotta cu miere și cardamomul măcinat.
c) Peste segmentele de grepfrut se pune amestecul de ricotta indulcit.
d) Decorați cu fistic tocat sau migdale, dacă doriți.
e) Serviți imediat ca desert ușor și răcoritor sau mic dejun.

67. Busuioc-Iaurt Panna Cotta Cu Gelée De Grapefruit

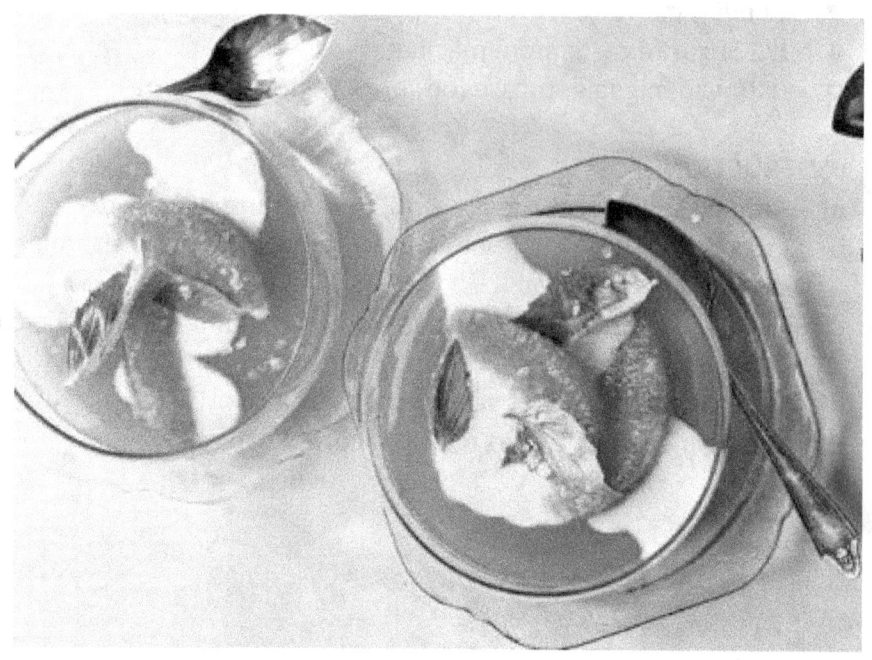

INGREDIENTE:
- 1 plic (1/4 uncie) gelatină fără aromă
- 2 linguri apa rece
- 1 cană smântână groasă
- 1/2 cană zahăr granulat
- 1 cană iaurt simplu grecesc
- 1 lingurita extract de vanilie
- 2 linguri frunze proaspete de busuioc tocate
- 1 grapefruit, decojit și segmentat
- 1/4 cană suc de grepfrut
- 2 linguri miere

INSTRUCȚIUNI:
a) Intr-un castron mic, presara gelatina peste apa rece si lasa-o sa stea 5 minute sa se inmoaie.
b) Într-o cratiță, încălziți smântâna groasă și zahărul la foc mediu până când zahărul se dizolvă și amestecul este fierbinte, dar nu fierbe.
c) Scoateți cratita de pe foc și adăugați gelatina înmuiată până se dizolvă complet.
d) Într-un castron separat, amestecați iaurtul grecesc, extractul de vanilie și frunzele de busuioc tocate.
e) Bateți treptat amestecul de smântână fierbinte în amestecul de iaurt până la omogenizare.
f) Împărțiți amestecul în pahare de servire sau ramekine și dați la frigider pentru cel puțin 4 ore sau până când se fixează.
g) Într-un blender, se pasează segmentele de grapefruit cu suc de grepfrut și miere până se omogenizează.
h) Turnați geleè de grepfrut peste panna cotta și dați la frigider încă o oră pentru a se întări.
i) Se serveste racit, optional garnisind cu frunze proaspete de busuioc.

68.Cremă de ouă de portocale la grătar

INGREDIENTE:
- 1 portocală sau grapefruit
- 1 ou mare
- 2 linguri de lapte
- Zahăr și scorțișoară după gust

INSTRUCȚIUNI:
a) Bateți ușor albușurile spumă cu o furculiță într-un vas cu laptele, zahărul și scorțișoara, dar nu amestecați prea mult.
b) Puneți amestecul de ouă în cana de portocale și puneți-l peste un suport pentru grătar Embers.

69.Tartele cu grapefruit si branza de capra

INGREDIENTE:
- 1 pachet de coji mini tartalete
- 4 uncii de brânză de capră
- 1 grapefruit, segmentat
- 2 linguri miere
- 1 lingura de cimbru proaspat tocat

INSTRUCȚIUNI:
a) Preîncălziți cuptorul la 350°F (175°C).
b) Puneți cojile de mini tartelete pe o tavă de copt.
c) Umpleți fiecare coajă de tartă cu o lingură mică de brânză de capră.
d) Acoperiți fiecare tartă cu un segment de grapefruit.
e) Stropiți cu miere peste partea de sus a fiecărei tarte.
f) Stropiți cu cimbru proaspăt.
g) Coaceți 5-7 minute, sau până când brânza de capră se topește ușor.
h) Serviți imediat.

70.Sufleuri miniaturale de grapefruit cu ghimbir

INGREDIENTE:
- Unt, pentru ungerea ramekinelor
- Zahăr granulat, pentru acoperirea ramekinelor
- 3 ouă mari, separate
- 1/4 cană zahăr granulat
- 1/4 cană suc de grapefruit proaspăt stors
- 1 lingurita coaja de grapefruit
- 1 lingurita de ghimbir proaspat ras fin
- Zahăr pudră, pentru pudrat

INSTRUCȚIUNI:
a) Preîncălziți cuptorul la 375 ° F (190 ° C). Ungeți ramekinele cu unt și ungeți-le cu zahăr granulat, eliminând orice exces.
b) Într-un castron mare, bateți gălbenușurile cu 1/4 cană de zahăr granulat până când sunt palide și groase.

71. Sorbet cu grepfrut

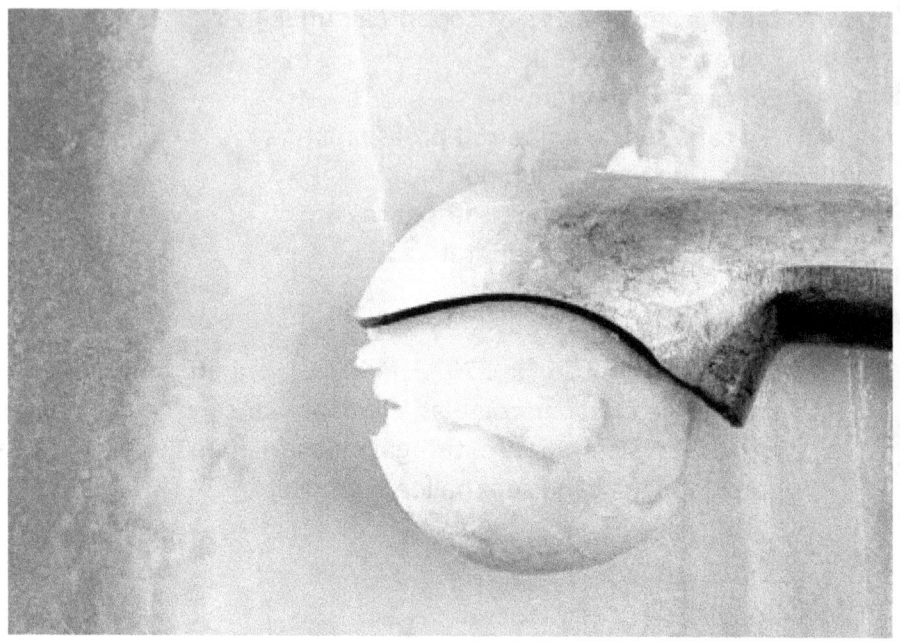

INGREDIENTE:
- 2 căni de suc de grapefruit proaspăt stors (strecurat)
- 1/2 cană zahăr granulat
- 1/4 cană apă
- 2 linguri Campari sau Aperol (optional)

INSTRUCȚIUNI:
a) Într-o cratiță mică, amestecați zahărul și apa. Se încălzește la foc mediu, amestecând până când zahărul este complet dizolvat pentru a face un sirop simplu. Se ia de pe foc si se lasa sa se raceasca.
b) Într-un castron mare, amestecați sucul de grepfrut cu siropul simplu răcit și Campari sau Aperol (dacă folosiți).
c) instrucțiunilor producătorului până ajunge la o consistență de sorbet.
d) Transferați sorbetul într-un recipient sigur pentru congelator și congelați timp de cel puțin 4 ore sau până când este ferm.
e) Serviți lingurile de sorbet în boluri sau pahare răcite.

72.Sandvișuri Scurte Cu Caș De Grapefruit

INGREDIENTE:
PENTRU SURRTĂ:
- 1 cană unt nesărat, înmuiat
- 1/2 cană zahăr pudră
- 2 căni de făină universală
- 1/4 lingurita sare
- 1 lingură frunze de ceai de iasomie (măcinată fin)

PENTRU CAJUL DE GRAPEFRUIT:
- 3 ouă mari
- 3/4 cană zahăr granulat
- 1/2 cană suc de grapefruit proaspăt stors
- Zest de 1 grapefruit
- 1/2 cană unt nesărat, tăiat în bucăți mici

INSTRUCȚIUNI:
a) Preîncălziți cuptorul la 350°F (175°C) și tapetați foile de copt cu hârtie de copt.
b) Într-un castron mare, cremă untul înmuiat și zahărul pudră până devine ușor și pufos.
c) Adăugați făina, sarea și frunzele de ceai de iasomie măcinate în bol și amestecați până se formează un aluat.
d) Întindeți aluatul pe o suprafață cu făină la aproximativ 1/4 inch grosime. Folosiți forme pentru biscuiți pentru a decupa forme și așezați-le pe foile de copt pregătite.
e) Coacem in cuptorul preincalzit 10-12 minute, sau pana cand marginile sunt usor aurii.
f) Scoateți din cuptor și lăsați fursecurile să se răcească complet pe grătare de sârmă.
g) Între timp, pregătiți cheagul de grepfrut. Într-un castron rezistent la căldură, amestecați ouăle, zahărul granulat, sucul de grepfrut și coaja de grapefruit.
h) Pune vasul peste o oală cu apă clocotită (boiler dublu) și gătește, amestecând constant, până când amestecul se îngroașă suficient pentru a acoperi spatele unei linguri.
i) Scoateți vasul de pe foc și adăugați treptat untul până când se omogenizează și se combină bine.

j) Lăsați coagul de grapefruit să se răcească la temperatura camerei.
k) Odată ce fursecurile și cașul s-au răcit complet, întindeți un strat de cheag de grapefruit pe partea de jos a unui prăjitură și sandwich cu un alt fursec deasupra.
l) Repetați cu prăjiturile rămase și caș.
m) Pudrați partea de sus a sandvișurilor cu zahăr pudră înainte de servire.

73. Grapefruit Brûlée

INGREDIENTE:
- 2 grepfrut
- 4 linguri de zahăr granulat
- Putina sare

INSTRUCȚIUNI:
a) Preîncălziți grătarul în cuptor.
b) Tăiați grapefruit-urile în jumătate și folosiți un cuțit ascuțit pentru a slăbi pulpa de coajă.
c) Presărați un praf de sare deasupra fiecărei jumătăți de grapefruit.
d) Presărați o lingură de zahăr granulat deasupra fiecărei jumătăți de grapefruit, răspândind-o uniform.
e) Pune jumătățile de grepfrut pe o foaie de copt și pune-le sub broiler pentru aproximativ 5-7 minute, până când zahărul de deasupra s-a caramelizat și a devenit auriu.
f) Scoateți jumătățile de grapefruit din cuptor și lăsați-le să se răcească câteva minute înainte de servire.

CONDIMENTE

74. Sos margarita cu grapefruit

INGREDIENTE:
- 4 salote
- 2 jalapenos
- 1 lingura ulei vegetal
- 1 buchet de tulpini de coriandru
- 2 căni de suc de grepfrut
- ½ cani de supa de pui
- 3 uncii de tequila
- ¼ c suc de lamaie
- 2 linguri de amidon de porumb, dizolvat în 2¼ c fiecare segmente de grapefruit, portocală și lime,
- 2 linguri coriandru tocat
- 1 uncie Cointreau
- Sare

INSTRUCȚIUNI:
a) Încinge uleiul într-o cratiță medie la foc mediu-mare. Adăugați eșalota, jalapenos și tulpinile de coriandru și transpirați timp de 3 minute. Adăugați sucul de grapefruit, supa de pui, tequila și sucul de lime. Se aduce la fierbere.
b) Amestecând constant, turnați treptat amestecul de amidon de porumb până când sosul începe să se îngroașe -- nu va trebui să îl folosiți pe tot.
c) Se fierbe aproximativ 20 de minute. Se strecoară printr-o sită fină. Îndoiți segmentele de citrice, coriandru și Cointreau. Asezonați după gust cu sare.

75.de portocale

INGREDIENTE:
- coaja de ½ grapefruit
- coaja de 1 portocala
- coaja de 1 lamaie
- 1 litru de apă rece
- Pulpa de 1 grapefruit
- Pulpa a 4 portocale de marime medie
- 2 cani de suc de lamaie
- 2 căni de apă clocotită
- 3 căni de zahăr

INSTRUCȚIUNI:

a) Pentru a pregăti fructele. Spălați și curățați fructele.
b) Tăiați coaja în fâșii subțiri. Adăugați apă rece și fierbeți într-o tigaie acoperită până se înmoaie (aproximativ 30 de minute). Scurgere.
c) Scoateți semințele și membrana din fructele decojite.
d) Tăiați fructele în bucăți mici.
e) Pentru a face Jam. Adăugați apă clocotită la coajă și fructe.
f) Adăugați zahăr și fierbeți rapid la 9 ° F peste punctul de fierbere al apei (aproximativ 20 de minute), amestecând frecvent. Se ia de pe foc; degresare.
g) Se toarnă imediat în borcane fierbinți, sterile, la ¼ inch de partea de sus.
h) Sigilați și procesați timp de 5 minute într-o baie de apă clocotită.

76.Vinaigretă cu grapefruit

INGREDIENTE:
- ½ cană suc de grepfrut
- 2 linguri miere
- 1 lingură muștar de Dijon
- ¼ cană ulei de măsline
- Sare si piper, dupa gust

INSTRUCȚIUNI:
a) Într-un castron mic, amestecați sucul de grapefruit, mierea și muștarul de Dijon.
b) Adăugați încet uleiul de măsline, amestecând constant, până când vinegreta este bine combinată.
c) Se condimenteaza cu sare si piper dupa gust.
d) Utilizați imediat sau păstrați într-un recipient ermetic la frigider până la 1 săptămână.

77. Grepfrut și unt de miere

INGREDIENTE:
- ½ cană unt nesărat, înmuiat
- 1 lingura coaja de grapefruit
- 2 linguri suc de grepfrut
- 2 linguri miere
- Sarat la gust

INSTRUCȚIUNI:
a) Într-un castron mic, combinați untul înmuiat, coaja de grapefruit, sucul de grapefruit, mierea și sarea.
b) Se amestecă până se combină bine.
c) Serviți imediat sau păstrați într-un recipient ermetic la frigider până la 1 săptămână.

78.Grapefruit și Salsa Jalapeno

INGREDIENTE:
- 1 grapefruit, segmentat si taiat cubulete
- ½ ceapă roșie, tăiată cubulețe
- 1 jalapeno, fără semințe și tăiat cubulețe
- 2 linguri coriandru proaspăt tocat
- 2 linguri suc de lamaie
- Sare si piper, dupa gust

INSTRUCȚIUNI:
a) Într-un castron mediu, combinați segmentele de grapefruit tăiate cubulețe, ceapa roșie tăiată cubulețe, jalapeno tăiat cubulețe, coriandru proaspăt tocat, sucul de lămâie, sare și piper.
b) Se amestecă până se combină bine.
c) Serviți imediat sau păstrați într-un recipient ermetic la frigider până la 3 zile.

79. Salsa de avocado cu grapefruit

INGREDIENTE:
- 1 grapefruit, segmentat si taiat cubulete
- 1 avocado, taiat cubulete
- 1/4 cana ceapa rosie, tocata marunt
- 2 linguri coriandru proaspăt, tocat
- 1 jalapeno, fără semințe și tocat mărunt
- Suc de 1 lime
- Sarat la gust
- Chipsuri de tortilla pentru servire

INSTRUCȚIUNI:
a) Într-un bol de amestecare, combinați grapefruitul tăiat cubulețe, avocado tăiat cubulețe, ceapa roșie tocată, coriandru tocat, jalapeno tocat și sucul de lămâie.
b) Amestecați ușor ingredientele până se combină bine.
c) Asezonați salsa cu sare după gust.
d) Serviți salsa de avocado cu grapefruit cu chipsuri de tortilla pentru înmuiere.
e) Bucurați-vă de această salsa răcoritoare și aromată ca aperitiv sau gustare.

80. Marmeladă de grepfrut

INGREDIENTE:
- 4 grepfruturi mari
- 4 căni de zahăr granulat
- 4 căni de apă

INSTRUCȚIUNI:
a) Spălați bine grapefruit-urile și îndepărtați orice pete. Tăiați grapefruit-urile în jumătate și strângeți-le cu sucul, rezervând sucul pentru o altă utilizare.
b) Folosind un cuțit ascuțit, tăiați cojile de grapefruit în felii subțiri.
c) Într-o oală mare, combinați coaja de grepfrut și apa. Se aduce la fierbere la foc mediu-mare, apoi se reduce focul și se lasă să fiarbă aproximativ 30 de minute, sau până când cojile sunt moi.
d) Adăugați zahărul în oală și amestecați până se dizolvă. Creșteți căldura la mediu-mare și aduceți amestecul la fierbere.
e) Gătiți marmelada, amestecând frecvent, până când ajunge la consistența dorită și trece testul gelului (o cantitate mică pusă pe o farfurie răcită trebuie să se geleze într-un minut).
f) Se ia oala de pe foc si se lasa marmelada sa se raceasca cateva minute inainte de a o transfera in borcane sterilizate. Sigilați borcanele și depozitați-le într-un loc răcoros și întunecat.

81.Relish cu grapefruit

INGREDIENTE:
- 2 grepfrut
- 1/2 ceapa rosie, tocata marunt
- 1/4 cană coriandru proaspăt tocat
- 2 linguri miere
- 1 lingura otet de mere
- Sare si piper dupa gust

INSTRUCȚIUNI:
a) Curățați grapefruit-urile și îndepărtați bucățile, apoi tăiați-le în bucăți mici.
b) Într-un castron, combinați grapefruitul tocat, ceapa roșie și coriandru.
c) Într-o cratiță mică, încălziți mierea și oțetul de mere până când mierea se topește și amestecul este omogen.
d) Se toarnă amestecul de miere peste amestecul de grepfrut și se amestecă. Se condimenteaza cu sare si piper dupa gust.
e) Serviți condimentul imediat sau puneți-l la frigider pentru o utilizare ulterioară.

82.Chutney de grepfrut

INGREDIENTE:
- 2 grepfrut
- 1 ceapa, tocata marunt
- 1 lingura de ghimbir proaspat ras
- 1/2 cană oțet de mere
- 1/2 cană zahăr brun
- 1/4 lingurita cuisoare macinate
- 1/4 lingurita de scortisoara macinata
- Sarat la gust

INSTRUCȚIUNI:
a) Curățați grapefruit-urile și îndepărtați bucățile, apoi tăiați-le în bucăți mici.
b) Într-o cratiță, combinați grapefruitul tocat, ceapa, ghimbirul, oțetul, zahărul brun, cuișoarele, scorțișoara și sarea.
c) Aduceți amestecul la fierbere la foc mediu, apoi reduceți focul și lăsați să fiarbă aproximativ 30 de minute, amestecând din când în când, până se îngroașă.
d) Luați chutney-ul de pe foc și lăsați-l să se răcească înainte de a-l transfera în borcane sterilizate. Sigilați borcanele și păstrați-le la frigider.

83. Sirop de grepfrut

INGREDIENTE:
- 2 grepfrut
- 1 cană zahăr granulat
- 1 cană apă

INSTRUCȚIUNI:
a) Curățați grapefruit-urile și îndepărtați bucățile, apoi tăiați-le în bucăți mici.
b) Într-o cratiță, combinați grapefruitul tocat, zahărul și apa.
c) Aduceți amestecul la fiert la foc mediu-mare, apoi reduceți focul și lăsați să fiarbă aproximativ 20-25 de minute, până se îngroașă.
d) Strecurați siropul printr-o sită cu plasă fină pentru a îndepărta orice pulpă sau semințe.
e) Lăsați siropul să se răcească înainte de a-l transfera într-o sticlă sau borcan. Păstrați la frigider până la două săptămâni.

84. Jeleu de grepfrut și mentă

INGREDIENTE:
- 4 grepfrut
- 1 lămâie
- 4 căni de apă
- 4 căni de zahăr granulat
- 1/4 cana frunze de menta proaspata, tocate
- 1 pachet pectină pudră de fructe

INSTRUCȚIUNI:
a) Curățați grapefruit-urile și lămâia, îndepărtând coaja în fâșii mari. Se toarnă fructele decojite și se rezervă sucul.
b) Într-o oală mare, combinați sucul de fructe, fâșiile de coajă și apa. Se aduce la fierbere, apoi se reduce focul și se lasă să fiarbă aproximativ 10 minute.
c) Scoateți oala de pe foc și strecurați lichidul printr-o sită cu plasă fină, aruncând solidele.
d) Reveniți lichidul strecurat în oală și adăugați zahărul și frunzele de mentă tocate. Aduceți amestecul la fierbere la foc mediu-mare, amestecând constant.
e) Odată ce amestecul ajunge la fierbere, adăugați pectina de fructe pudră și continuați să fiarbă timp de 1 minut, amestecând constant.
f) Scoateți oala de pe foc și îndepărtați orice spumă de pe suprafața jeleului.
g) Puneți jeleul fierbinte în borcane sterilizate, lăsând 1/4 inch spațiu de cap. Sigilați borcanele și procesați-le într-o baie de apă clocotită timp de 10 minute.
h) Scoateți borcanele din baia de apă și lăsați-le să se răcească complet înainte de a le depozita într-un loc răcoros și întunecat.

COCKTAILURI ŞI MOCKTAILURI

85. Vermut-Grapefruit Sangria

INGREDIENTE:
- 1 sticla de vermut alb uscat
- 2 căni de suc de grapefruit proaspăt stors
- 1/4 cană miere sau sirop de agave, după gust
- 1 grapefruit, feliat subțire
- 1 lămâie, feliată subțire
- 1 lime, feliată subțire
- 1 portocală, feliată subțire
- 2 căni de apă spumante sau sifon de club
- Cuburi de gheata
- Frunze de menta proaspata, pentru decor

INSTRUCȚIUNI:
a) Într-un ulcior mare, combinați vermutul alb uscat, sucul de grapefruit proaspăt stors și mierea sau siropul de agave. Se amestecă până se dizolvă mierea.
b) Adăugați în ulcior grapefruitul, lămâia, limea și portocala tăiate subțiri.
c) Dă sangria la frigider pentru cel puțin 1-2 ore pentru a permite aromelor să se topească.
d) Chiar înainte de servire, adăugați în ulcior apa spumoasă sau sifonul club și amestecați ușor pentru a se combina.
e) Umpleți pahare cu cuburi de gheață și turnați sangria peste gheață.
f) Ornează fiecare pahar cu frunze de mentă proaspătă.
g) Servește sangria cu vermut-grapefruit rece și bucură-te!

86. Apa de rozmarin

INGREDIENTE:
- 1 crenguță proaspătă de rozmarin, strânsă ușor
- ½ grapefruit, feliat felii
- ½ kiwi, decojit și tocat

INSTRUCȚIUNI:
a) Pune ingredientele într-un ulcior.
b) Se toarnă apă de cocos și se amestecă până se omogenizează.
c) Răciți peste noapte.

87.Kombucha cu grapefruit sărat

INGREDIENTE:
- 4 uncii de suc de grepfrut roz
- 4 uncii de ceai negru kombucha
- Ciupiți sare de mare

INSTRUCȚIUNI:
a) Într-un pahar, amestecați sucul, kombucha și sarea și serviți.

88.Smoothie de detoxifiere cu ananas, grapefruit

INGREDIENTE:
- 1 cană de ananas congelat, tăiat cubulețe
- 1 grapefruit mic, decojit și segmentat
- 1 cană apă simplă de nucă de cocos
- ½ linguriță de ghimbir proaspăt ras
- 1 cană de spanac baby la pachet
- 1 cană de gheață

INSTRUCȚIUNI:
a) Pregătiți toate ingredientele și puneți totul într-un blender.
b) Amestecați ananasul, grapefruitul, apa de cocos, ghimbirul, spanacul și gheața până când obțineți o textură netedă și spumoasă.

89.Gheață Afine Cu Grapefruitadă Albă

INGREDIENTE:
- 7 uncii de afine
- 7 uncii de zahăr
- 7 crengute de cimbru
- 16 uncii suc de grapefruit alb
- suc de 1 lime
- 1 tulpină de rozmarin, dezbrăcat

INSTRUCȚIUNI:
a) Puneți 4 afine într-o tavă pentru cuburi de gheață, turnați apă peste fructe de pădure și congelați.
b) Într-o oală sau cratiță, amestecați zahărul și 4 uncii de apă la foc moderat și fierbeți, amestecând în mod regulat.
c) Se amestecă crenguțele de cimbru.
d) Combinați 2 linguri de sirop de cimbru cu grapefruitul și sucul de lamaie.
e) Serviți în 4 pahare, adăugați câteva cuburi de gheață de afine în fiecare pahar și serviți rece, ornat cu rozmarin.

90. Punch cu rodie și grapefruit roz

INGREDIENTE:
- 2 căni de suc de grepfrut roz
- 1 cană suc de rodie
- 2 căni de apă spumante sau sifon de club
- Cuburi de gheata
- Arile de rodie, pentru decor
- Felii de grapefruit, pentru decor

INSTRUCȚIUNI:
a) Într-un ulcior mare, combinați sucul de grepfrut roz și sucul de rodie.
b) Chiar înainte de servire, adăugați apa spumoasă sau sifonul club și amestecați ușor pentru a se combina.
c) Umpleți pahare cu cuburi de gheață și turnați punch-ul peste gheață.
d) Ornează fiecare pahar cu arili de rodie și o felie de grapefruit.
e) Serviți imediat ca un punch răcoritor și festiv.

91.Spritz de grapefruit

INGREDIENTE:
- 1 uncie de vodcă
- 1 uncie suc de grapefruit
- ¾ uncie suc de grapefruit proaspăt stors
- ½ uncie sirop simplu
- ¼ uncie lichior de căpșuni
- Gheata zdrobita
- Club sifon pentru a completa
- Crenguță de mentă, roată de lămâie și felie de căpșuni pentru decor

INSTRUCȚIUNI:
a) Într-un shaker de cocktail, adăugați gheață, vodcă, suc de grepfrut, suc de grepfrut, sirop simplu și lichior de căpșuni.
b) Agitați pentru a se răci.
c) Se strecoară în pietre sau pahare de vin peste gheață pisată.
d) Completați cu sifon de club.
e) Se ornează cu crenguță de mentă, roată de lămâie și felie de căpșuni.

92. Blackberry Virgin paloma

INGREDIENTE:
- 3 mure
- 5 liniute Hella Bitters Smoked Chili Bitters
- ½ uncie suc de lămâie proaspăt stors
- 4-6 uncii de sifon de grapefruit
- 1 uncie ceai de Spirulina, racit

INSTRUCȚIUNI:
a) Într-un pahar de pietre cu fundul greu, încurcă murele. Adăugați bitter și un strop de suc de lămâie.
b) Acoperiți fructele de pădure și bitterul cu un strat de gheață pisată. Acest lucru va împiedica semințele de fructe de pădure să plutească în băutură.
c) Umpleți paharul cu gheață și acoperiți-l cu sifon de grapefruit răcit.
d) Adăugați un gram de Spirulina răcită pentru culoare, dacă doriți. Se ornează cu lime și mure.

93.Margarita cu grapefruit

INGREDIENTE:
- 2 uncii de tequila
- 1 uncie suc proaspăt de lămâie
- 1 uncie suc proaspăt de grapefruit
- ½ uncie de sirop simplu
- Sare pentru bordurarea paharului
- Bucată de grapefruit pentru garnitură

INSTRUCȚIUNI:
a) Întindeți marginea unui pahar cu sare frecând marginea cu o bucată de grapefruit și apoi scufundându-l într-un vas mic de sare.
b) Umpleți paharul cu gheață.
c) Într-un shaker plin cu gheață, combinați tequila, sucul de lime, sucul de grepfrut și siropul simplu. Agitați energic până se răcește bine.
d) Se strecoară amestecul în paharul pregătit umplut cu gheață.
e) Se ornează cu o bucată de grapefruit și se servește.

94.Mojito cu grepfrut și mentă

INGREDIENTE:
- Frunze de mentă proaspătă
- 1 lingurita zahar granulat
- 1/2 lime, tăiată felii
- 1/2 grapefruit, tăiat felii
- 2 uncii rom alb
- Cuburi de gheata
- Apa minerala
- Felii de grapefruit si crengute de menta, pentru decor

INSTRUCȚIUNI:
a) Într-un pahar, amestecați frunzele de mentă proaspătă cu zahăr granulat, până când sunt parfumate.
b) Stoarceți sucul din felii de lime și grapefruit în pahar.
c) Adăugați felii stors în pahar.
d) Adăugați rom alb și cuburi de gheață în pahar.
e) Completați cu apă sodă și amestecați ușor pentru a se combina.
f) Se ornează cu felii de grepfrut și crenguțe de mentă.
g) Serviți imediat și bucurați-vă de acest mojito răcoritor cu grapefruit și mentă.

95.Margarita cu grapefruit și miere

INGREDIENTE:
- 2 uncii de tequila
- 1 uncie suc de grapefruit proaspăt stors
- 1/2 uncie miere
- Cuburi de gheata
- Rotiță de grapefruit, pentru decor

INSTRUCȚIUNI:
a) Într-un shaker de cocktail, combinați tequila, sucul de grepfrut și mierea.
b) Umpleți agitatorul cu cuburi de gheață și agitați energic până se răcește bine.
c) Se strecoară amestecul într-un pahar cu ramă de sare umplut cu gheață.
d) Se ornează cu o felie de grapefruit și se servește imediat.

96. Ceai cald de grapefruit

INGREDIENTE:
- Suc de grapefruit proaspăt stors
- Apa fierbinte
- Miere
- baton de scortisoara (optional)

INSTRUCȚIUNI:
a) Într-o cană, combinați sucul de grapefruit proaspăt stors cu apă fierbinte într-un raport de 1:1.
b) Amestecați mierea pentru a avea gust de dulceață.
c) Opțional, adăugați un baton de scorțișoară pentru un plus de aromă.
d) Se lasa la infuzat cateva minute pentru a infuza aromele.
e) Scoateți batonul de scorțișoară dacă este folosit și bucurați-vă de ceaiul cald de grepfrut.

97.Smoothie cu capsuni-grapefruit

INGREDIENTE:
- 1 grapefruit, decojit și segmentat
- 1 cană căpșuni, decojite
- 1 banană, decojită
- 1/2 cană iaurt grecesc
- 1/2 cană suc de portocale
- Miere sau sirop de agave (optional, pentru dulceata)
- Cuburi de gheata (optional, pentru grosime)

INSTRUCȚIUNI:
a) Puneți segmentele de grepfrut, căpșunile, banana, iaurtul grecesc și sucul de portocale într-un blender.
b) Adăugați miere sau sirop de agave, dacă doriți, pentru un plus de dulceață.
c) Se amestecă până când este omogen și cremos.
d) Adăugați cuburi de gheață dacă doriți pentru o consistență mai groasă și amestecați din nou.
e) Se toarnă în pahare și se servește imediat.

98. Cocktail cu grapefruit trandafir Lillet

INGREDIENTE:
- 2 uncii Lillet Rose
- 1 uncie suc de grapefruit proaspăt stors
- 1/2 uncie sirop simplu
- Întorsătură de grapefruit, pentru decor

INSTRUCȚIUNI:
a) Umpleți un agitator cu cuburi de gheață.
b) Adăugați Lillet Rose, sucul de grapefruit proaspăt stors și sirop simplu în shaker.
c) Agitați bine până se răcește.
d) Se strecoară într-un pahar de cocktail răcit.
e) Ornați cu o întorsătură de grapefruit.
f) Serviți și bucurați-vă de acest cocktail răcoritor și elegant.

99.Spritz picant cu grapefruit

INGREDIENTE:
- 1/2 cană suc de grapefruit proaspăt stors
- 1/4 cană apă spumante
- 1-2 linguri miere sau sirop simplu, dupa gust
- 1/2 lingurita ghimbir ras
- Un praf de piper cayenne (optional)
- Cuburi de gheata
- Felii de grapefruit, pentru decor

INSTRUCȚIUNI:
a) Într-un pahar, combinați sucul de grapefruit, apa spumante, mierea sau siropul simplu, ghimbirul ras și ardeiul cayenne (dacă este folosit). Se amestecă până se amestecă bine și se dizolvă mierea.
b) Umpleți paharul cu cuburi de gheață.
c) Se ornează cu o felie de grapefruit.
d) Serviți imediat și bucurați-vă de spritz-ul răcoritor și picant!

100. Shake de vanilie cu grapefruit

INGREDIENTE:
- 1 grapefruit, decojit și segmentat
- 1 cană de înghețată de vanilie
- 1/2 cană lapte
- 1 lingură miere (opțional pentru dulceață)

INSTRUCȚIUNI:
a) Puneți segmentele de grapefruit, înghețata de vanilie, laptele și mierea (dacă este folosit) într-un blender.
b) Se amestecă până când este omogen și cremos.
c) Se toarnă în pahare și se servește imediat.

CONCLUZIE

Pe măsură ce încheiem explorarea noastră culinară a bucătăriei cu grapefruit, sperăm că „CARTEA FINAL DE GURMET DE GREPFRUT" te-a inspirat să îmbrățișezi aromele strălucitoare și acidulate ale acestui iubit citrice în propria ta bucătărie.

Cu 100 de rețete inovatoare la îndemână, ați experimentat bucuria de a încorpora grapefruit-ul într-o gamă largă de feluri de mâncare, de la salate răcoritoare la antreuri sărate și deserturi delicioase. Indiferent dacă te-ai răsfățat cu un ceviche cu grapefruit, somon glazurat cu grapefruit sau cu panna cotta decadentă cu grapefruit, avem încredere că ai savurat fiecare moment al aventurii tale culinare cu grapefruit.

Pe măsură ce continuați să explorați lumea gătitului cu grapefruit, vă încurajăm să vă lăsați creativitatea să scape. Indiferent dacă experimentați noi combinații de arome, tehnici sau prezentări, posibilitățile sunt nesfârșite când vine vorba de bucătăria cu grapefruit.

Vă mulțumim că ne-ați alăturat în această călătorie plină de gust. Sperăm ca „CARTEA FINAL DE GURMET DE GREPFRUT" să devină un însoțitor prețuit în bucătăria ta, inspirând mese delicioase și experiențe culinare de neuitat pentru anii următori. Până ne întâlnim din nou, felurile tale să fie strălucitoare, îndrăznețe și pline de arome vibrante de grapefruit. Poftă bună!

www.ingramcontent.com/pod-product-compliance
Lightning Source LLC
Chambersburg PA
CBHW070417120526
44590CB00014B/1426